和谐校园文化建设读本

班主任怎样对待学生

张金洪/编著

吉林出版集团股份有限公司

吉林教育出版社

图书在版编目(CIP)数据

班主任怎样对待学生 / 张金洪编著. — 长春：吉
林教育出版社，2012.6（2022.10重印）
（和谐校园文化建设读本）
ISBN 978－7－5383－8739－1

Ⅰ. ①班… Ⅱ. ①张… Ⅲ. ①中学—班主任工作
Ⅳ. ①G635.1

中国版本图书馆 CIP 数据核字（2012）第 117288 号

班主任怎样对待学生
BANZHUREN ZENYANG DUIDAI XUESHENG　　　　　　　张金洪　编著

策划编辑	刘 军　　潘宏竹		
责任编辑	庞 博	**装帧设计**	王洪义

出版　吉林出版集团股份有限公司（长春市福祉大路5788号　邮编 130118）
　　　　吉林教育出版社（长春市同志街1991号　邮编　130021）
发行　吉林教育出版社
印刷　北京一鑫印务有限责任公司

开本　710毫米×1000毫米　1/16　　**印张**　9.5　　**字数**　121千字
版次　2012年6月第1版　　**印次**　2022年10月第2次印刷
书号　ISBN 978－7－5383－8739－1
定价　39.80元

编　委　会

主　　编：王世斌

执行主编：王保华

编委会成员：尹英俊　尹曾花　付晓霞
　　　　　　刘　军　刘桂琴　刘　静
　　　　　　张　瑜　庞　博　姜　磊
　　　　　　潘宏竹
　　　　　　（按姓氏笔画排序）

总　序

千秋基业，教育为本；源浚流畅，本固枝荣。

什么是校园文化？所谓"文化"是人类所创造的精神财富的总和，如文学、艺术、教育、科学等。而"校园文化"是人类所创造的一切精神财富在校园中的集中体现。"和谐校园文化建设"，贵在和谐，重在建设。

建设和谐的校园文化，就是要改变僵化死板的教学模式，要引导学生走出教室，走进自然，了解社会，感悟人生，逐步读懂人生、自然、社会这三本大书。

深化教育改革，加快教育发展，构建和谐校园文化，"路漫漫其修远兮"，奋斗正未有穷期。和谐校园文化建设的研究课题重大，意义重要，内涵丰富，是教育工作的一个永恒主题。和谐校园文化建设的实施方向正确，重点突出，是教育思想的根本转变和教育运行机制的全面更新。

我们出版的这套《和谐校园文化建设读本》，既有理论上的阐释，又有实践中的总结；既有学科领域的有益探索，又有教学管理方面的经验提炼；既有声情并茂的童年感悟；又有惟妙惟肖的机智幽默；既有古代哲人的至理名言，又有现代大师的谆谆教诲；既有自然科学各个领域的有趣知识；又有社会科学各个方面的启迪与感悟。笔触所及，涵盖了家庭教育、学校教育和社会教育的各个侧面以及教育教学工作的各个环节，全书立意深邃，观念新异，内容翔实，切合实际。

我们深信：广大中小学师生经过不平凡的奋斗历程，必将沐浴着时代的春风，吸吮着改革的甘露，认真地总结过去，正确地审视现在，科学地规划未来，以崭新的姿态向和谐校园文化建设的更高目标迈进。

让和谐校园文化之花灿然怒放！

本书编委会

目 录

一、总论篇

班主任角色定位

"某一学科的教师，同时就是对自己学生负责的导师。但是除此之外，每一年级里担任功课最多和最有经验的一个教师，常常被委以附加的任务：统一和调整本级所有教师的教导活动，组织和指导本年级儿童整体生活等活动，确保学校与本年级学生的家庭间必要的联系。在低年级里，一切学科或多数学科的教授，是集中在一个教师的手里，因而就可以保证本级每个学生全部教育指导的统一。而在高年级，在每一年级里实现着教育统一指导的教师，就是班主任，他是由校长从优秀教师中指定的。"

一、班主任的教育理念

1. 终身学习观念

树立以创新精神和实践能力的培养为价值取向的教育理念。未来的社会是一个学习型的社会，终身学习对教育工作者而言更加重要。为了适应现代社会的挑战，为了学生的未来，教师需要不断"充电"。若不学习掌握先进的教育理论、现代教育技术的能力，就不会走出传统，迈向现代，就无法顺应现代教育。班主任应清晰地认识到，教育有责任去为一个尚未存在的未来社会培养新人。教育面向未来，首先要有高瞻远瞩的意识，培养人才要着眼于社会未来以及个体发展的思想品德素质、道德情感素质、意志素质，使他们具有广泛的可持续发展性，从而培养出适应变化快、自主能力强的"未来人"。教师自身不仅要具备终身学习的能力，更应该在教育教学中培养学生终身学习的能力，让学生热爱学习，掌握学习的方法，树立终身学习的观念。

2. 以创新精神为价值取向的教育观

未来的发展，人的创新能力将会受到空前重视，善于创新的人将成为知识经济最主动、最积极的力量。因此，在班级工作中实施创新教育，班主任首先要从转变教育观念入手，树立以创新精神为价值取向的人才观、教育观和质量观，把创新意识、创新精神与创新能力的培养放在班级工作的突出位置。班主任要充分认识到创新教育的重要意义，认真学习创新教育理论，并在教育活动中大胆实践，不断总结创新教育的成果。班主任是积极能动的、富有创造性的主体，他们在教育方针与教育规律的指导下，积极贯彻学校提出的教育要求，不断寻求新的工作内容与工作方法，根据自身优势和学生的特点，富有创造性地开展班级活动，形成风格鲜明的班集体。同时班主任的创造性工作观念与工作方法又必然对学生的创造性人格的形成起着巨大的作用。另一方面，创新教育是高度专业化的工作，因此需要每个教师不断接受再教育，以提高自己的创新智慧和培养他人创新智慧的能力。新课程倡导自主、合作、探究的学习方式，这确为我们打开了创新教育的思路。它能够唤醒学生沉睡的潜能，激活封存的记忆，开启幽闭的心智，放飞囚禁的情愫。因此，班主任对调动学生的学习积极性和主动性，对课堂学习小组的组织及对探究学习小组的组织显得十分重要。

3. 关注学生全面、和谐、完美的发展的教育理念

新课程改革顺应世界范围内"以学生发展为本"的课程改革潮流，提出了使学生在普遍达到基本要求的前提下实现有个性的发展的目标。发展个性的理论是素质教育的要求，这就需要教师把学生作为学习的

主体而赋予其学习的自主性和主动性。新课程要求教师重新思考学生，把学生作为学习的主体来看待，关注学生的全面发展，注重学生的差异，关注学生的情感，尊重学生的人格。作为班级管理者的班主任要看重一个个鲜活的生命个体，看重一个个需要开发的生命个体，并从班级管理中发现生命的保存、延伸、发展和增值价值，来阐释教育的本质。班主任应该注意发现学生身上的闪光点，每一个学生都有许多优点，帮助学生树立信心，鼓励、激励学生成才。没有不合格的学生，只有不合格的教师。教师要把学生真正当成人，当成正在学习做社会人的人，当成正在逐步走向成熟、走向自觉的学习主体，当成正在学习选择、学习提高社会责任的国家未来的主人。发展只能是他们的主动行为，没有个性就没有发展。每个学生都有某些方面的优势和爱好，珍惜这些特点，发展每个学生的优势，是培养学生全面发展的关键，要充分尊重学生的选择权，承认学生的智力差异。实施素质教育的根本意义是促进全体儿童、少年的全面、和谐发展。国运兴衰，系于教育，不仅仅是因为教育能够培养出具有各种知识和能力的社会建设者，更是因为教育能够造就出具有健全人格、诚实、正直、追求真善美的"人"，真正的"人"。只有以"人"为本，让"人"成为教育的出发点和归宿，关注"人"的丰富、和谐、完美的发展，才把握准了教育的生命意义，才能让教育焕发出生命光彩！

二、新理念促使班主任转换自身角色

1. 班主任角色由单一型向多元型转换。传统观念下，班主任的角色只是学科教师的一种自然延伸，似乎任何教师只要在自身专业方面有所长，都可担任。这种观念今天看来显然是片面的。新理念下的班主任，其角色内涵是丰富的：他不仅是"学科专家"，而且是组织者、管理者、模范公民、父母代理人、学生的朋友与知己、学生人际交往的指导者、学生心理健康发展的咨询者等等，而所有这些内涵对新的时期班主任素质提出了新的要求。

2. 班主任角色由权威型向对话型转换。传统教育的显著特征之一便是以教师为中心。班主任在班级管理中拥有绝对权威，学生对班主任必须绝对服从。权威型班主任培养出来的学生固然守纪、顺从，但他们亦步亦趋，依赖性强，独立性差，缺乏主动性、创造性，更谈不上具备时代所要求的创新精神。时代呼唤一种新型的民主平等的师生关系，这就要求班主任抛弃原来绝对权威的角色形象，代之以对话者、引导者角色，提高学生在德育过程中的自主性与参与程度，树立起新时代"生活导师"的形象。

3. 班主任角色由限制型向发展型转换。传统教育意义上的班主任在班级管理中经常要求学生"不能……""不要……"，往往用规章制度去限制学生。这种做法对学生形成良好行为、矫正不良习惯固然起到一定的积极作用，但现代教育意义上的班主任绝不应满足于此，而是应着眼于发展、挖掘学生的潜能。一位哲学家说，人类正是在不断失败中才不断进步的。新理念下的班主任不应把学生的失误看得太重，而是与学生一起商讨如何改进与发展，进而去创造。他们对学生不是简单地训斥与限制，而是应鼓励其发展与创造。

4. 班主任角色由高耗型向高效型转换。传统教育意义上的班主任信奉的是"只要功夫深，铁杵磨成针"，把班主任本来极富创造性的工作简化为简单的重复性劳动，结果适得其反，导致学生产生逆反心理，耗费了很多时间与精力，但收效甚微。而新理念下的班主任则不同，他充分认识到班主任工作的创造性与复杂性，把工作重心放在了解研究学生，根据学生的心理特点采取行之有效、灵活多变、富有创造性的德育方法上，用最少的时间及精力去获得最佳的教育教学效果，实现德育过程的最优化。

5. 班主任角色由经验型向科研型转换。班主任应充分意识到：教育经验固然重要，但经验不等于科学，某一教育措施在某一时刻对某一教育对象（或群体）是有效的，但另一时期对另一教育对象可能是无效的，甚至是有害的。因为教育对象是不断变化的，学生是活生生的具有不同个性的发展着的主体。现代班主任工作是一种艺术性与科学性高度统一的复合体，是教育机制与教育原理的高度统一。在现实条件下我们强调的是掌握教育科学、管理科学，在了解学生心理特点的基础上去教育学生，运用科学的管理理论与现代的教育思想创造性地指导班级工作，努力使自己成为一名"科研型"的班主任。

6. 班主任角色由被动适应型向主动创造型转换。新课程理念下的班主任，应是积极能动的富有创造性的主体。我们不断寻求新的工作内容与工作方法，根据自身优势和学生的特点，富有创造性地开展班级活动，形成风格鲜明的班集体。同时班主任的创造性工作观念与工作方法又必然对学生的创造性人格的形成潜移默化地起着巨大的作用。

7. 班主任角色由封闭型向开放型转换。传统教育意义上的班主任倾向于把自己的班级看作一个单元，并把它与外界隔绝开来，管理班级自己一人包干，管理范围只局限于学生在班、在校的时候。结果往往导致狭隘的集体本位主义。而新课程理念下的班主任则不同，他首先认识到自己是班级各种教育力量的协调者，是联结任课教师与学生、学生与家庭的一个重要纽带，他主动联合任课老师、学生家长共同商讨班级管理的教育对策，以便形成教育合力，最大限度地发展教育系统的整体功效。班主任应以教育社会化的新视角看待班主任工作，加强主动了解研究家庭教育、社会教育，把学校教育扩展到全社会，争取更广泛的教育力量的支持。

三、重塑班主任角色

教师现在已经有越来越少的传递知识的职责，而是更多地激励学生思考。除做到教师的正式职责以外，他将成为一个顾问，一位交换意见的参加者，一位帮助发现矛盾论点而不是拿出现成真理的人。他必须集中更多的时间和精力去从事那些有效果的和有创造性的活动：互相影响、讨论、激励、了解、鼓励。现代教育意义上的班主任，其角色内涵是丰富的：他不再仅仅是学科专家，而且是活动组织者、班级管理者、模范公民、学生的朋友与知己、学生人际交往的指导者、学生心理健康发展的咨询者等等，而所有这些内涵对新时期班主任提出了新的要求：学会倾听，重视学生的内心世界，让学生有话敢说，消除师生间的心理紧张气氛，将学生不同的观点联系起来，积极地与学生的想法共舞，让学生从自己的经验里悟得知识和道理。这样，班主任才能摆正位置，转变好角色，使班集体走向成熟、走向成功。

1. 设计师

新课程理念下的班级管理是提倡自主化的班级管理。所谓自主化是指在规范、法律规定的范围内，不凭人为的外力作用，主动按照自己的意志活动。"自主化班级管理"是指在创新教育理论的指导下进行的教师自主管理班级，学生自我管理、自主发展的以培养创新型人才为价值取向的教育管理实践。因此，班主任要把班级管理的立足点从直接管理转移到设计管理上来。班主任的这种设计师角色，是由学校教育的特点决定的。我们倡导多让学生自主管理。每一届学生的特点不一样，班主任就要设计针对性很强的远期、中期、近期培养目标。要设计规划班级的每个学年、每个学期、每个月乃至每个星期的教育管理重点。

2. 学习者

在原有的教学体系中，班主任是班级工作的管理者，是班级事务的权威，凡事居高临下，班主任的意见就是唯一正确的。此时的班主任，常会让学生有一种敬畏感。而在新课程的实施过程中，班主任工作中的一些不足马上暴露了出来。无论是知识上、能力上，还是控制学生的方式方法上，都明显地感觉到力不从心。学生已不再是班主任手中的一颗棋子，任由班主任摆布，他们都是一些有血有肉、活生生的、有思想、有自己见解的人。也正因为如此，仅仅满足于原有水平已不能完全胜任班主任工作，教师应重新学习，在课堂中、在学生中、在活动中、在教育生活中学习。

3. 咨询者

青少年时期是人最宝贵的黄金时代，是身心发育、锐意进取的关键时期。生命规律决定了学生成长过程中，身体与心理的发育是不同步的，这便导致了学生成长过程中出现的一些心理困扰。心理健康，如同人的身体健康一样，对青少年学生的发展是至关重要的。但是，它与身体健康相比，更容易被成人世界忽视。一些成年人，包括班主任，往往简单化地把青少年学生的心理健康问题看成是人的本性、品德和智力方面的问题，而用南辕北辙的手段来对待。或者，嘴上喊重视学生的心理健康教育，而行动上却又往往摆花架子、走形式，结果于事无补。另外，学生的心理困扰，还算不上是心理问题，只要应对策略正确，学生就会摆脱心理困扰的。班主任不仅应该同所有教师一样成为学生的良师益友，而且要成为学生成长的引路人。班主任要想成为学生成长的引路人，首先要做到关心学生的全面发展。就学生的整体发展而言，班主任要关心学生的身体发展和心理发展。就心理发展而言，班主任要关心学生的智力因素的发展和非智力因素的发展。

班主任应该通过有效的形式，对学生进行学习目的的教育，引导他们全面发展，真正成长为道德优秀、智力卓越、体魄强健、情感丰富的一流人才。

4. 组织者

在新课程中，班级教学更重视的是小组合作学习、探究性学习，甚至是一些根本不可能在教室里完成，而应到广阔的社会中去体验的实践活动课。因此，班主任对课堂学习小组的组织及对探究学习小组的组织就显得十分重要。随着课程改革的实施，小组讨论在课堂教学中得到了广泛的应用。这种形式能够体现当前课程改革强调的主体参与思想，能让更多的学生参与课堂教学，调动学生学习的积极性和主动性。在小组讨论中，强调学生的独立思考、自主活动，在独立思考的基础上进行充分的合作，让学生在既定的教学目标下，齐心协力，优势互补，相互借鉴，产生参与探索、乐于质疑的动力和灵感，产生"1＋1＞2"的合作教学效果。合理的小组组合非常重要。如何分组？能不能真正地合作？这些都需要班主任的组织和协调。必须不断地提醒小组成员，小组一旦确定下来，小组成员应荣辱与共，告诉他们如何磨合，让学生学会倾听别人、尊重别人，在互相合作中学习对方的长处。同时通过班主任对小组的表扬或鼓励，促进小组成员间的集体荣誉感，使他们更好地合作，取得共同进步的良好效果。小组学习中，还应考虑如何处理小组间的矛盾。由于小组间的水平、能力不同，学生、小组间的竞争，往往会在小组之间表现出来。班主任应和学生一起分析状况，确定如何把学生的这种压力转变为动力，促进大家共同发展。

5. 研究者

教师是教室的负责人，而从实验主义者的角度来看，教室正好是检验教育理论的理想的实验室。对那些钟情于自然观察的研究者而言，教师是当之无愧的有效的实际观察者。无论从何种角度来理解教育研究，都不得不承认教室充满了丰富的研究机会。研究是一种意识、态度，而不是简单的方法，是教师的主体意识、主体精神、社会责任感的重要体现。它是一种自觉的教育精神，是教师成长、发展的同义词。传统意义上的班主任，其工作往往是以经验为主，凡事从做中学，摸索前进，这期间不少人需要走过许多弯路才能获得理论层面的教育观念和科学的操作规程。班主任的实践经验固然重要，但经验不等于科学，某一教育措施在某一时刻对另一教育对象可能是无效的，甚至是有害的。因为教育对象是不断变化的，学生是活生生的具有不同个性的发展着的主体。班主任要掌握教育科学、管理科学，在了解学生心理特点的基础上去教育学生，运用科学的管理理论与现代的教育思想创造性地指导班级工作，努力使自己成为一名教育专家。

6. 外交家

班主任作为课改宣传者，在班级管理的过程中要接触学生家长、任课教师、学校各种管理人员、社会上的各种人士等等。班主任的工作开展，实际上就是与不同的人群打交道，就这个意义上说，班主任是协调多方关系的外交家。

附案例

"生旦净末丑"的定位

初次担当班主任，也许是班级管理不到位的缘故，班级事故频发，弄得我焦头烂额。尤其是班中两位男生恃勇打仗，酿成血的悲剧，至今想来仍心有余悸。

那一天，站在我面前的学生甲愁眉不展、惊恐万分，与原先的穷凶极恶、肆无忌惮简直判若两人。区派出所干警马上到案发现场，等待他的将是严厉的法律制裁。

事情还得从头说起。下午放学后，学生甲与学生乙因为意气之争发生了口角，进而挥拳相向。学生乙人高力大，渐渐占了上风，按住学生甲一顿好揍。学生甲自出生起就没吃过这样的亏，愤愤不平之际，到校外纠集了一伙哥们儿，冲进教室对学生乙一顿拳打脚踢。末了，学生甲觉得还不解恨，一刀扎进了学生乙的小腹……

作为班主任，知道这件事后，我的心中好似打翻了五味瓶，阵阵酸涩的感觉差点儿让我窒息。班级出了这样人命关天的大事，我难辞其咎。本校优秀班级，却出了这样的事，这足以使我名誉扫地，我深感自己无颜见江东父老。

我与学生甲就这样僵持对立，都似泥塑木雕一般半天没有言语。事情已闹到这般田地，我就是圣人再世也回天乏术。这时，耳边响起了低低的哭泣声，伴着压抑不住的惊恐，他自知问题严重，进而胆战心惊起来。当时，我不由心潮翻涌，思绪难平。一个学生已躺到手术台上，生死未卜；另一个学生即将身陷囹圄，前程暗淡。我不是能妙手回春的医生，可以挽救危亡的生命，但我至少还能拯救眼前这个迷失了方向的灵魂。

我对自己所该扮演的角色进行了审慎的定位。

我可以扮演一个训斥指责者的角色，这样我自然可以尽情发泄心头郁积的怒火，然后再让学生为自己所酿成的恶果买单。但发泄、怒斥，无疑于事无补，只会使学生进一步滑入与社会对立的深渊。这绝不是我所愿见的。

我可以扮演一个不负责任、听之任之的角色，即便是天大的娄子，说到底，与我何干？大不了自此我甩手不干，不再担任让我焦头烂额的班主任，旁人最多也就背后数落我几句。但一个孩子的人生也许就因为我此刻的冷漠无情、无动于衷而毁掉，我也将背上沉重的心理包袄，一辈子寝食难安。这更不是我所愿面对的。

我也可以扮演基督教中仁慈的牧师的角色，启迪感化，让学生反思内省、痛定思痛，实现灵魂的蜕变与升华。

我更可以扮演一个家庭、社会、学校沟通交流者的角色，为学生改过自新清除无形的障碍。

我自然也能扮演一个心理咨询师的角色，打开闭塞的心扉，排除心灵的疾患，播撒三春的阳光雨露，滋润即将枯萎的生命……

总之，在我面前站着的虽是一个犯有不可饶恕错误的学生，我却不能不审慎地选择我所该担当的角色，因为我的角色定位直接关系着学生未来的人生历程，我怎能等闲视之？我于是选择了仁慈的牧师、沟通交流者、心理咨询师的三重角色。

我打破了这难堪的沉闷与窒息，语重心长道："你聚众打架斗殴，触犯社会治安处罚条例，派出所一会儿就要带你走了，你这是罪有应得。但到派出所并不等于进了监狱，你只是暂时离开班集体，我与同学们都会等着你快点回来。作为班主任，你出了这么大的事，我也有责任，我也应该检讨，因为我平时放松了对你的要求，才导致发生这种事情。但事已至此，你一定要深刻反思、痛改前非，绝不能让这样的悲剧再次上演。我当了十多年的老师，送过多少学生离开母校，去追寻人生的梦想，成就辉煌的事业，而今，老师却送你去……"说到此处，我哽咽了，眼泪不自觉地落了下来，伤心极了。学生甲边听着我的临别话语，边不住地点头，他已然泣不成声。

所幸学生乙伤得不重，没几天就出院了。期间，为挽救学生甲，作为班主任，我多次去拘留所看望他，平复他焦躁的情绪，勉励他改过自新。我又耐心劝慰他心灰意冷的父母："孩子出了这样的事，作为家长、老师，抱怨是难免的，但归根结底还是我们平时的教育工作做得不够细致。孩子是未成年人，思想不够成熟与理性，难免被冲动的情绪所左右，闯下弥天大祸。作为家长，在孩子人生的关键时刻，以爱心力量拉他一把，往往就能挽救孩子。"学生甲的父母在我的耐心开导下，终于回心转意，尽力以为人父母的拳拳真爱感化孩子。同时，我还耐心地做班级学生的思想工作，要求他们不要因为这件事歧视学生甲，更不能拒他于班集体之外，待他回来后，大家要用集体的力量拉他一把，用集体的温暖感化他，使他脱胎换骨。

学生甲从拘留所出来后，我更深切地感受到自己肩上沉甸甸的责任。我多次找他谈心，启发他：不必因为发生的事而背上沉重的心理包袱。班级容忍同学犯错误，更迫切期待同学改正错误。一个人犯了错并不可怕，改正了同样受人尊重。我又多次去家访，协助孩子的父母做好孩子的思想转化工作，也时时不忘提醒班级学生要善待学生甲。精诚所至，金石为开，他的情绪一天天好起来了。此后，他果然洗心革面，再没犯过类似的错误。至今想来，这应该与我当初对自己所该担当的教育角色的定位不无关系。

班主任品质对学生的影响

人的品格包括道德、品行、人格、作风等。班主任的道德品质、思想境界不仅仅在课堂上表现出来，他的一言一行折射出来的都是无形教育，都会对学生思想品德和世界观的形成产生潜移默化的影响。从这个意义上说，班主任的影响力是一种重要的教育资源，而优良的品德是班主任影响力的核心。所谓"德高为师，身正为范"，我们要不断提升自己的品行修养和道德水准，时时处处严格要求自己，做学生的表率，用人格去塑造人格。

一、影响力取决于班主任的"内功"

1. 丰富的知识是增强班主任影响力的能源。一个有影响力的班主任必定有丰富的知识储备。知识贫乏、腹中空空的班主任是难以让学生信服的，相反，知识渊博的班主任会对学生产生巨大的吸引力，学生会自然地对他产生信赖感，这不但能更好地推动班级工作，而且有利于与学生取得更多的共同语言，促进心理沟通，对学生产生更大的教育影响。

学校张老师的一次"偶遇"就是很好的例子。有一次，张老师带学生参观古镇。当同学们正七嘴八舌地谈论风景时，其中一个学生指着古式建筑房顶"故意"发难："老师，为什么房顶的瓦片要那样盖（比画一个"斜凹面"的手势），而不是这样盖（比画一个"斜平面"或"斜凸面"的手势）？"同学们安静下来，都把目光投向了说话的学生和老师身上。张老师根本来不及考虑，只有"本能"地讲解："至于为什么不用斜凸面，显然它比斜平面更浪费材料，我们知道三角形两边之和大于第三边，两者原理是一样的。至于为什么不用斜平面而用斜凹面，这牵涉到流水的速度与凹面曲度大小的关系，需要用到大学里的数学和物理知识才能够完全解答，我希望你们以后能够有机会学习。老师现在只能够告诉你们一个结论：当大雨来临，要能使水及时流下，防止房顶漏水，因此这个凹面的曲度既不能太大，也不能太小，要有一个标准。"学生似懂非懂，一脸的崇拜。自不必说，后来他的学生不仅信服于张老师的人品，更折服于张老师的渊博知识。

2. 全面的能力是增强班主任影响力的关键。通过调查可以发现，学生认可的"好老师"除了应符合"德"的要求外，在"能"方面更应具备出色的专业知识、高超的教学艺术、知识面广、幽默风趣、多才多艺……学生最容易也最愿意被这样的教师"征服"。学生的"向师性"也是一种重要的教育资源，学生只有"亲其师"才能"信其道"。学生"信其道"了，班主任的教育才能够丰富学生的内心，而直达心灵的教育具有最强大的持续影响力。

3. 美好的情感是增强班主任影响力的"催化剂"。班集体是由几十个独立的、个性迥异的个体组合而成的，而情感是组织和协调班集体，改善人际关系，保持班集体和谐稳定的"黏合剂"。因此，班主任还应该具有美好的情感，工作中以情感陶冶情感，以心灵感动心灵，这样才能产生加倍的影响力。

人与人相处，最常用、最有效的方法，就是将心比心、以情换情。以理服人，远不如以情动人，你的道理讲得再好，没有接纳作为情感基础，那就等于是"对牛弹琴"。曾记得，一个优秀的班主任用尽所有方法，对一个冥顽不化的学生百般教育无效后，她忍不住哭着对他喊道："我给你说了一万句，怎么就抵不上别人一句呢！"正是这一"哭"融化了学生内心的坚冰，他从这真情的一"哭"，明白了老师的真心。所以，我们千万要牢记：最有效的教育方式就是用真情对待学生。

二、班主任的影响力的作用

班主任的影响力可以粗略划分为权力性影响力和非权力性影响力。权力性影响力是指班主任角色自然赋予的组织管理权力。在过去，怎样利用自己的"职权"管好班级、管好学生，是班主任主要致力并孜孜以求的。当下，多元化的时代决定了学生会变得越来越"复杂"，那种领导、驾驭、命令、强迫式的权力性管理对学生的影响越来越有限，已经逐步淡出班级管理，一种民主和谐、自我教育、共荣共生的新型班级管理理念越来越被广大班主任所接受，并自觉转化为自己的班级管理行为。在这样的班级管理理念下，班主任的非权力性影响力起着至关重要的作用，而提升班主任非权力性影响力的关键在于通过自身的修炼提升素质。

1. 班主任品质对学生的激励作用。班主任的一言一行、一举一动，都是班主任人格的具体体现，都在潜移默化地影响着学生，成为学生模仿的对象。班主任品质越高，学识越渊博，身心越健康，班主任人格魅力就越强，班主任对学生的吸引力也越大，班主任的教学效果也就越好。这样的班主任能让大家尊重、理解、关怀、信任，如同阳光一样照耀在每一位学生的身上，使学生倍感亲切和温暖，从而产生心灵的和谐共振，学生自然会产生向上的心理效应。班主任就会牢固树立起在学生心目中的"精神父母"高尚而可亲的形象，学生自然会自愿接受约束，不断增强自我教育、自我修养的主动性和自觉性，从而促进学生的自我发展、自我提高。

2. 班主任品质对学生的陶冶作用。在教育实践中，班主任对待学生要热情、真诚，要始终保持良好的情绪。同时，班主任还必须注意理智感、道德感、美感等高级情感的养成。因为，这些情感不仅对学生的学业发展有激励价值，对其信念、价值观的形成具有重要作用，而且对学生的情感有陶冶作用。此外，班主任还必须具备良好的情绪调控能力，能及时合理地排解自己的消极情绪，也能控制和掌握学生的情绪、情感，为成功的教育创造健康的环境，用班主任的人格魅力和健康的环境陶冶学生的情感。如果班主任成为了学生的对立面，便无法走进学生的心，无法与学生达到感情的沟通，也就无法遵循现代教育"以人为本，以学生为本"的教育原则。

3. 班主任情感对学生的感染作用。如果班主任有强烈的求知欲，热爱自己的专业，以饱满的情绪带领学生去探索知识的奥秘，就会对学生的学习兴趣和情绪产生巨大的影响。班主任上课要全身心地投入，将自己深深热爱所教学科的激情融于每一节课中，去吸引学生听课，激发他们学习这门学科的兴趣，并使他们建立起持久而牢固的学习兴趣。对于学习基础较差的学生，更要通过班主任良好的精神状态和生动、有趣的教学内容来吸引学生，利用他们的心理动力因素加以补偿，以取得较好的教学成果。

4. 班主任关心的隐形教育功能。热爱学生，关爱每一个学生，是当好班主任的必要前提，也是班主任的神圣天职。热爱学生，做学生的良师益友，让每一个学生在温馨的充满爱的大家庭里幸福快乐地成长，是班主任工作中追求的目标。作为班主任，时时刻刻关注着班内每一位学生，与他们谈心，关心他们的学习和生活，成为学生的知心朋友。班主任主动架起通向学生的爱的桥梁，用情感这把钥匙开启学生的心灵之锁，才能有利于真正地了解学生。久而久之，学生们有什么知心话，也喜欢说给老师听，如学生们与父母之间的矛盾、与同学的关系、内心的苦恼等。在交流中，班主任就能及时地把握学生的思想脉搏，以便更有利于教育工作及时地开展，有利于耐心细致地做好思想工作。谁进步了，给予表扬和勉励；谁退步了，给予提醒和鞭策；谁生病了，给予关心和爱护；谁有困难，给予帮助和安慰，班主任成了他们的朋友，也真正帮助学生解决了一些学习和生活中的困难。教师送出的是真情，收获的是真心，班主任的魅力品质是一种隐形的教育。

5. 班主任启迪心灵的作用。作为班主任还应具备的能力有很多，如观察、分析、判断能力，组织协调能力，个别谈话和谈心的能力，口头和书面表达的能力，发现、培养和使用人才的能力，总结工作的能力，良好的人际交往能力等等。新时期还要求班主任应有体察学生的思想、情感、需求，捕捉学生的思想信息，把握他们的真实态度，以达到知人、知面、知心的能力；应有启迪学生心灵的能力；应有教育和管理相结合的能力；应有较高的演讲与对话能力等。具备多种能力的班主任，不仅在教学上让学生敬佩，而且能善于协调师生之间的关系，他能用幽默的语言，让学生在高雅的幽默中接近与老师的距离，增强学生的向心力和对集体的归属感。他能与时俱进，了解新课程改革，全面推进素质教育，他从不把学生看作知识的容器和考试的机器，他相信学生的能力，并在实践中不断提高学生的能力。这样，学生在体味获得成功的喜悦时，也会感叹这样一位老师的伟大。一个只会教书而不会做学生工作的班主任是不完整的，也是不称职的。只有提高能力，才能提高班主任的人格魅力。

附案例

心灵的体操

春天，校园变成了花的海洋。迎春花艳丽动人、樱花璀璨夺目、梨花洁白似冰霜、桃花粉红若锦霞……各种花都探出脑袋或攀上枝头炫耀着经冬后生机勃发的美。花季的笑脸就是美，走在校园的花丛中，这一张张笑脸就像一朵朵摇曳在枝头的桃花，那样的清纯、自然。一身素衣白裙的姚老师与学生们徜徉在花的海洋中，仿佛又回到了学生时代。

"老师，我想摘下这一枝桃花。"甜美的嗓音宛如在枝头婉转鸣叫的百灵。

想不到有学生提出了这样的要求，姚老师不能容许一个鲜活的生命瞬间在自己的眼前凋零，她摆摆手，阻止了学生探上枝头的小手。"为什么要摘它呢？"姚老师奇怪地问。"花草无情，人间有爱""请不要碰伤了它，它会疼的"，在校园的角角落落，这样的标语随处可见，一个初一的学生不可能看不懂啊。"老师，我想摘下这枝桃花送给您。您是我们学校最美的老师，这枝花插到您的头发上，您一定会成为校园里一道最美的风景。"学生小美仰着粉嘟嘟的笑脸天真地说，一抹红云在姚老师的两颊燃烧起来。她很年轻，前年刚从师范院校毕业。如果说这群十三四岁的孩子是那一丛丛含苞待放的花蕾的话，姚老师就是花蕾丛中那一朵开得最艳丽迷人的鲜花。她清纯、端庄、美丽而热烈，与这群叽叽喳喳的孩子一样，正处于人生最爱美的时候。她原本以为小女孩摘花只是为了装扮花季的梦，不想……感动之余，姚老师不由得有点儿难为情。

爱美之心人皆有之。青少年的审美情趣是他们人格发展的原动力，教师有责任利用大自然天然雕饰的美浸润学生的心灵。何不借此机会对这群孩子进行情操教育呢？

"谁不能保护美，谁就不配享受美的珍贵报偿。感谢小美同学美丽的心愿和对老师善意的赞美，即便如此，老师也不能接受你的馈赠。让我们想想吧：在春日暖暖的阳光下，这些知名与不知名的花儿谦卑地开放于校园的花圃中、草丛里、树枝间，无声无息，恬淡从容，浑身上下洋溢着一种圣洁的光华；它们的每一片叶子、每一片花瓣都能让人感受到一种超乎人类贪欲等人类情感的东西，那是生命中一种十分崇高而纯净的境界，你无法用言辞来形容它们的美，也无法用任何美丽的意象来取代它们的神秘与璀璨，它们是那一簇簇燃烧着的生命的火焰，我们怎能忍心将它们掐灭呢？掐灭一种自然的、摄人心魄的美，用来装饰一种做作的、转瞬即逝的美，我们的灵魂怎能安然呢？美不能太自私。"姚老师饱含深情地说。

自然之美能激荡起人类原始的爱美之心，而美的思想与情感同样极富传染性。姚老师的一席话语似清泉涤荡了学生们残留在心中的自私，似甘霖滋润了学生们幼小的心灵。孩子们一个个羞红了脸，就像一株株枝叶低垂的含羞草。与隐含在我们每一个人心中的渺小的贪欲相比，那孕育生命的花朵又显得何等的尊荣与华贵。"老师，我们再也不想摘花了，就让它们在枝头快乐地开放吧。"孩子们若有所悟。

帮助学生们提高审美评价能力，不仅有助于他们将感官性愉悦的快感上升到精神性愉悦的美感，而且能积极促进学生们一般思维能力的发展。为学生们打开美的世界的大门，提高他们的审美素养，塑造他们高尚、丰富而美丽的心灵世界，是教育者情操美育的基本点。姚老师决定继续以此为契机，点燃学生心底有关美的星星之火。

"一丛丛的花就是一首首美丽的诗啊。赏花、品诗，是人生一道回味无穷的大餐。让我们放下矜持，一道品尝吧。"鲜花映照着姚老师笑盈盈的脸，就像春天里一束束跳跃的火焰。"老师，您开个头吧。"学生们来了兴致。

"'去年今日此门中，人面桃花相映红。'这是唐代诗人崔护咏桃花的名句。人面桃花交相辉映，那是一种多么动人的美。花美不为美，人美最为美。阳春三月，桃花竞艳，清纯的村姑，如花的笑脸，自此在诗人心中留下不可磨灭的印记。"姚老师完全沉浸在诗的意境中了。学生们也被这个美丽的故事深深感染了。

"'惆怅阶前红牡丹，晚来唯有两枝残。明朝风起应吹尽，夜惜衰红把火看。'阶前将衰的红牡丹让诗人感到忧愁不安。诗人唯恐夜风吹落了这两枝残花，夜里还要手持灯火来观看。诗人爱花惜花之情跃然纸上。"在一丛风姿绰约的牡丹前，学生小青无限深情地品味着。

"'不是花中偏爱菊，此花开尽更无花。'傲霜斗雪的菊花向来不乏偏爱者，陶渊明、元稹、黄巢都对它情有独钟。"站在菊花前，学生秋菊仿佛又置身于"满城尽带黄金甲"的金菊吐艳的秋天。

"'疏影横斜水清浅，暗香浮动月黄昏。'梅花是花中真正的君子，那一份淡泊与潇洒不正是自古以来无数正人君子所羡慕的吗？"学生冬梅激情澎湃。

想不到才初一的学生，一个个竟这样满怀才情，姚老师满意地笑了。

山蕴玉而生辉，水含珠而川媚。孩子们对美的感悟需要我们用爱去呵护培育。

班主任如何树立自己的威信

对于班主任来说，其在学生面前的一言一行都应严谨规范，堪为师表。一个人一生的许多习惯，都是在受学校教育过程中养成的。"养成教育"最难，因为它是一个长期的过程，是一个包罗万象的过程，但确实是学校教育不可缺少的一个重要组成部分。一张白纸能写最美最美的诗歌，能画最美最美的图画，也能满纸涂鸦。学生们就是那一张张的白纸，教育者既能够让纸上开满鲜花，也能让这张纸面目可憎，这全在于教师如何引导。

1. 严于律己，以身示范。班主任是一个班集体最直接的外在形象，其一言一行都直接对学生起到潜移默化的作用。一个细节、一句言论都可能在学生心里留下深刻的印象，言行稍有不慎，可能会成为几届学生的饭后谈资，这不仅给自身的形象带来负面影响，还有可能给日后的班级管理工作带来隐患。因此，作为班主任更应该时刻严格要求自己，凡事力争起到示范作用，比如要求学生不迟到的同时，首先得做到自己不迟到；要求学生上课不准开机，自己首先也要做到；要求学生爱惜环境卫生，自己看到地上有果皮纸屑时要先去捡，总之要求学生遵守的各项规章制度，自己首先得履行好，起到示范作用。只有严于律己，才能去要求别人。

2. 扎实基础，勤练内功。自强才能自信，自信才能征服他人。对于风华正茂、热血正浓的年轻人来说，他们更佩服有真才实学的老师，有本事、个性鲜明、办事原则性强往往是他们心里"牛人"的标准。因此，作为班主任，更应该加强学习，扩宽视野，增加自身的知识面，在积极努力地强化专业知识的同时，向着业余知识丰富、多才多艺的方向发展。只有自身知识丰富了，才可以更好地教导学生，也才能真正地取得学生的信赖和尊重。

3. 有高度的责任感和敬业精神。责任感是做好一切工作的前提，敬业精神是做好事业的内在动力。事无巨细，不管多么微小的事，不好好对待就不容易做好。教师工作尤其是班主任管理工作琐碎而复杂，这就需要班主任有高度的责任心和敬业精神，对与学生有关的事情要做到敏感而细心，不能因为疏忽大意而出现漏洞。平时既要多多关心学生的生活问题，如学生的家庭状况、学生个人的健康状况等，亦要多多关心学生的学习问题、情感问题、心理问题，做到有问题及时发现和解决，尽量不给后面的工作留任何隐患。比如，学生外出得请假，在确保安全、遵守规章制度的前提下方可放行；学生往返校途中要记得叮嘱学生注意安全；对于学生的家庭状况要及时了解，积极帮助贫困生和单亲家庭学生排解心理障碍，使其快乐地融入大集体；对于学习成绩差的学生，要给予正确的引导和正面的激励，尽量不伤害学生的自尊心；对于受感情困扰的学生，要积极地对其进行心理指导，使其尽早走出感情的阴影和误区，早日树立对新生活的勇气和目标。总之，要全方位地关心学生、引导学生，尽量让每一个学生树立积极乐观的人生观和世界观。

4. 做事公正严明，不偏不倚。每个个体都有自身的特点，对于一个班集体来说，学生来自不同的地域，拥有不同的性格和家庭背景，而且每个学生的学习成绩也不相同。因此，作为班主任，首先要调查清楚学生的个体差异，不能嘴里喊着公平，却只看重成绩优异的学生或是家庭条件优越的学生，甚至只偏向自己看着"顺眼"的学生。否则，一方面容易造成不公平、不公正的现象发生，使得自身的人格和威信在学生眼里贬值；另一方面，这种不公正的态度容易给学生带来消极影响，如此下去，优等生会越来越有优越感，甚至发展成目中无人，而差等生要么产生反叛心理，给今后的管理工作带来隐患，要么产生自卑心理，形成人格障碍。另外，对于奖学金的分配可多设一些奖项，不打击任何一个取得进步或是渴望进步的学生。当学生犯错误时，很多老师往往偏袒成绩好的学生而加重对差生的打压，这样更容易造成两极分化，不断激发差生与老师间的矛盾，还有可能激化班级矛盾。因此，面对这种情况，作为班主任，更应该坚持公平公正的原则，不偏不倚，优等生犯错误了更应该加以批评指正，因为他们往往在班集体中起表率作用。

5. 用温暖、真诚、关爱去打动学生。物极必反的原则人人都懂，假如一个班主任只会严厉，平时总是板着一张严肃的脸，相信很多学生都不愿意跟他交流，不愿和他亲近，甚至在心里抵触他，更谈不上建立亦师亦友的关系，这样就不利于今后班级的引导和管理工作的展开。严肃不是威信的体现，而微笑、慈爱更不是软弱无能的代名词，"以柔克刚"法则同样适用于学生管理工作。因此，班主任在面对学生时更应该注重礼节和谦让，多一个微笑，多一份问候，多一点关切都会让学生感到如沐春风，这不但无形中拉近了与学生的距离，还增强了个人人格魅力，让学生由衷地敬佩，在行为上树立了一种无形的威信感。以诚相待是做人之本，在传统道德越来越缺失的今天，诚信无疑显得更加难能可贵。作为班主任，要想做到诚信，首先要把自己摆在与学生平等的位置，不能学生做错了事、违反了规则反复地批评，而自己做错了事却不了了之。另外，对于班级的各项经费也要采取透明制，杜绝乱用公费的状况发生。作为班主任，我们既要像朋友一样和学生相处，消除代沟，又要像长辈一样多给予学生关爱，让学生真切地感受到大家庭的温暖。比如，节假日多关切离家较远的同学，必要时跟同学一起吃饭庆祝；对于孤儿更要建议集体多给予关照，班主任可以带头为其过生日；平时有学生生病，班主任要及时给予问候和关照。总之，以实际行动让学生感觉到班主任的关爱无处不在，从而树立起良好的形象和威信。

班主任应怎样把握对学生的严与爱

教育是一门艺术，班主任工作更是一门管理学生的艺术，而搞好这门艺术则主要体现为怎样把握好对学生恰当的"爱"和适度的"严"，做到爱中有严、严中渗爱。

班主任对学生的爱是一种复杂而高尚的精神境界，是由班主任老师的理智感和道德感凝聚而成的一种高尚的教育情操。其表现在班主任深入细致地了解学生，真心实意地关心学生，充分尊重、信任学生，严格地要求学生等。班主任对学生的爱不同于父母对子女的天然之爱，它蕴涵了更多的社会内容，具有广泛的社会意义，因为它不仅是一种态度，一种肯定的情感，它还是一种评价。班主任的一句话有时能改变一个学生的一生。

经常听到有些班主任这样埋怨："怎么我们付出那么多的关怀、那么多的爱心，我们的学生仍不懂礼貌、不尊敬老师、冷漠自私，一点儿也不理解班主任的一番苦心呢？"

这种情况的产生很可能是因为我们爱的方式不当造成的。有人曾把班主任对学生的爱的方式不当概括为以下四种类型：

1. 家长型。即传统的家长式的爱，表现在班主任言行专制，不尊重学生人格，将自己的主观意志强加于学生，学生稍不顺从，则批评训斥，甚至辱骂体罚。这种爱是很难被学生理解和认同的。

2. 保姆型。有些班主任对学生缺乏严格要求和基本期待，事事包办，从不轻易放手。对于这种爱，不同年龄和见识的学生看法就有别。年龄稍小的学生认为这是班主任老师对他们最好的关心和爱护，而见识稍多、年龄稍大的学生则认为这是不给他们锻炼的机会，是对他们能力的怀疑。因此，这种"保姆型"的班主任是"吃了亏"却不见得"讨好"。

3. 暖水瓶型。有些班主任爱学生像"暖水瓶"一样，内心似火而貌似冰霜。他们热爱自己的学生，处处为学生着想，但为了维护所谓的威信，在学生面前总是过于严肃，不苟言笑，从不"失态"。这种"暖水瓶型"的爱学生，往往难以让学生领悟，师生情感难以交流，结果学生对班主任是"敬而远之"。

4. "势利"型。一些班主任对优秀生与后进生的爱呈现明显的两极分化。对于优秀生，爱意常常溢于言表；对后进生，则完全忽视或冷处理。班主任喜欢优秀生本属正常，但这种爱变为"嫌贫爱富"，则有损教育公平的主旨，不利于学生的正常发展，更不利于良好班风的形成。

而一些班主任老师对"严"的曲解和误用更是值得深思。在他们那里，"严"演变为体罚和变相体罚。心虽善，动机也好，但严而无格，爱必荡然无存。学生的自尊、人格、上进心被"严"的霜风冷雨击碎，心灵受创伤，心理被压抑，久而久之将形成视"师"如仇的逆反心态。这种"严"，于事无补，于人无益，是对学生个性发展的隐性扼杀。真正的"严"应该是：

1. 严而不厉。任何时候对学生严格要求都是必要的。缺乏严格要求，放任自流，那是对学生不负责任的表现。但严格不等于严厉。严厉意味着班主任态度的强硬、武断和偏执，严厉会使孩子产生惧怕、退缩心理。久而久之，学生过分依赖、神经质等不良心理都会滋生。因此，班主任对学生的态度应该是严格，而不是严厉。

2. 严而有格。"格"就是范围和分寸。班主任对学生的严不能超过一定的范围，严要有分寸。同样的错误——作业未做，一贯表现好的学生一定有其客观原因，而普通学生就很难说了。班主任对待这样的学生，就不能简单、草率批评了事，而要采取不同方法来严格要求不同学生，这个不同方法就是格。如果班主任严而无格，乱"严"一气，乱批评人，势必会有不好的结果。

那么，爱与严究竟是怎样的关系呢？

没有爱便没有教育，班主任唯有心里时刻装着学生，学生心里才能有你这个老师，尤其是对后进生，只有爱之深切，才能唤起他们奋发向上的勇气、信心和激情。但如果光爱不严，师生关系可能比较融洽，打打闹闹，嘻嘻笑笑，失去了班主任最基本的尊严，将会造成学生对班主任的要求不执行或执行不力，因为学生认为反正我和班主任关系好，我不做、不听，班主任又不会怎样，这样，良好的班风无法形成。反之，如果班主任对学生一味地严格，不给学生以关怀、体谅，表面上看，学生非常听话，甚至做得很好，学生也能遵守各项制度，在一般人眼中，这是个有良好班风的不错的班级，但时间长了，学生见了班主任就像老鼠见了猫一样，害怕至极。学生长时间处于这样一种被动压抑之中，将对学生的身心产生一种不良影响，从而导致厌学、退学、逃学、辍学等。

所以班主任对学生不仅要关心、爱护、帮助、鼓励、鞭策、指引、开导等，使师生关系融洽、自由、和睦，而且还要严格要求，严加管教，使师生之间有一定的距离。唯有做到宽严适度，严爱统一，方能有效地培养学生良好的思想品质和行为习惯。

班主任如何了解学生

了解学生是教育好学生的先决条件。我在当班主任的教育工作实践中，经常采用资料分析法、观察分析法和谈话辅导法，循序渐进地、全方位地了解学生，以求在全面了解学生的基础上收到更好的教育效果。

1. 研究书面材料，初步了解学生

（1）表格调查。每次新接一个班的时候，首先都要让学生填一个基本信息的登记表，包括学生的年龄、担任过的班级职务、毕业学校、毕业考试成绩、家庭基本情况、父母的工作单位、联系电话及教育水平、学生的兴趣特长、身体状况、对班级的期望等。通过这个调查，可以尽快地熟悉学生的基本情况，特别是对个别特殊学生的家庭情况、身体情况、心理情况、学习情况、生活情况等进行特别了解，作了特殊的记录，运用特殊的教育方法。做到接手一个班级，首先对每一个学生的基本情况了如指掌，这样，教育才会得心应手。同时还可以有针对性地确定班干部，为开展班级工作奠定基础。

（2）问题调查法。由于班主任不可能时刻都待在班中，当班级管理中出现某些问题时，往往不知道问题的具体细节及问题存在的原因，这时候就需要进行调查。调查法是深入了解班级学生的重要方法。从调查内容看，有一般情况的调查和专门问题的调查两种；从调查对象看，可以向班干部、科任教师、学生家长调查，也可以向学生的朋友、邻居调查；从调查方式看，有个别访问、开座谈会、书面问卷等方式。无论采取何种方式，都应把工作做细，解除被调查者的思想顾虑，争取调查上来的材料能如实反映客观实际。

2. 观察分析法

行为是学生的内心独白。行为的暴露，也就代表了学生思想的践行。故观察是了解学生的有效途径。如何去观察呢？首先，班主任平时要做一个有心人，如看学生的上课态度，看学生穿着打扮，看学生完成任务的情况等。其次，要借学生来观察学生，班主任所借的学生一定要细致，能客观地将情况反映给你。用这种内外结合的方法更能全面地了解学生的信息。然后，班主任通过对信息的处理，分析学生思想的动态。如学生爱美过胜，则有发生早恋的可能；如学生上课不集中思想，可能心存杂念；如学生好打架，可能有暴力倾向等。学生的行为向班主任展示了许多思想信息，我们作为班主任应多深入学生，多去观察。

　　高中阶段，学生有了更强的自我意识。如自我评价逐渐摆脱成人评价的影响，自我评价的独立性逐渐增强；产生不成熟的成人感，渴望参与成人社会，要求独立，要求有一个自己独立使用、有"安全保障"的小天地，不希望成人时时刻刻地管教约束；他们与同伴之间有更多的共同语言，在同龄人和知心朋友面前有安全感和归属感，很愿意向对方倾诉内心的秘密，希望得到理解等。根据高中生的心理特征，班主任除了通过平时的课堂教学外，更应该有目的、有计划地通过课外活动、劳动、班级活动，深入细致地观察学生，了解学生的真实情况，经常深入到学生的学习、生活、劳动和活动中去，特别注意学生在自然状态下流露出来的言行举止，洞悉他们的内心世界。例如我刚刚新接的高二（1）班，百分之九十的学生是男生，由于其年龄与心理特征，他们对女性班主任带有很强的封闭性，不愿意与我交流，在我面前也不能表现出真正的自我。针对这一情况，我认真地准备了一个"扬起友谊之帆"主题班会。我先介绍如何制作个人信息船，同时作了自我介绍，告诉同学们"I'll always be on your side.（我将永远站在你们这边）"主动向他们先迈出一步。接着要求每位同学把个人的信息写在纸上，包括个性特征、兴趣爱好、价值观、理想、格言以及最想跟同学说的一句话，并画上自画像，不要署名，然后折成纸船。这时全班的同学都积极地动起手，气氛轻松。我在学生当中指导他们进行小船制作，并抓住机会与他们交流。折好的个人信息船都聚集在象征着"集体港"的纸篓中，每位同学再从中随机抽出一只，通过纸船上的信息寻找其主人，找不到主人的，全班一起交流。最后让每位同学取回自己的小船，写上自己的名字，作为资料。通过参与整个活动，拉近了我与学生之间的距离。通过对小船上的信息和在活动中学生表现出来的真情进行观察和分析，使我窥探到了学生的特长、理想信念以及不同的性格特征及其内心世界，为教育学生提供了科学的参考依据。

3. 谈话辅导法

谈话辅导法是指班主任经常性地与学生沟通，了解其内心世界，并给予正确的思想、学习、生活指导的一种重要方法。传统的谈话教育方法，过分注重灌输和说教，难以使学生表达自己真实的情绪和情感，难以使学生说出自己真实的想法。因此，班主任在谈话的过程中应注意调转角色。在谈话活动中，班主任的角色从教育者转变为辅导者，师生之间更应该是朋友，是大朋友与小朋友的关系，应该是平等和谐的关系。班主任不是居高临下地与学生对话，而是朋友般地、平等地与学生讨论问题。对每个学生要有恰当的评价，表达自己对学生的欣赏和肯定，以此来营造轻松、真诚、和谐的氛围，使学生在没有心理压力的情况下，毫无顾虑地向老师吐露自己的心声。通过启发、暗示和创设情境使学生明白自己身上存在的优缺点，进而使学生在老师的指导下，去探索和寻找不断完善自我的途径和方法。

班主任在与学生谈心的过程中要注意方法、方式，要调动起学生的参与动机和积极情绪。首先要求班主任在谈话活动中要情绪饱满、放松，充分运用语言的感染力调动学生的积极情绪，创设有吸引力的情境和宽松的心理环境，引入正题，鼓励学生自我表露。在新接一个班的工作时，由于一开始还未能很好地了解学生情况，这时可主要采取集体聊天的方式。例如我每接手一个新班级，总是在第一学期每周星期一傍晚6：30—7：30在教学楼前的草地上与学生聊天。每次谈话都有明确的目的和中心内容，事先做好充分的准备，创造轻松和谐的气氛，使学生不感到拘束、紧张、害怕，引导学生大胆地说出心里话，融洽了师生间的感情，使我了解到了学生更真实的情况。经过一段时间的了解之后，转为注重个别谈话，寻找恰当的时机，营造出平等的氛围与学生交谈。在与学生谈话时我尽量做到因人而异，对优秀生，帮其找出缺点和不足；对中等生则鼓励他们立大志，力争上游；对差生，善于积极发现其闪光点，给予更多的关怀，培养其自尊和自信。

与学生谈话，要选择适宜的环境，创造良好的谈话气氛，选择谈话的适当时机，要考虑问题的性质和迫切程度，如遇到一些紧迫、严重的情况而严重，及时找学生谈话，以便把不良的苗头消灭在萌芽状态。与学生谈话还要考虑谈话对象的思想水平、个性心理特点，对不同对象提出不同层次的要求。性情温和、性格内向的学生要早谈，而性情暴躁、性格外向的人，要选准机会谈。与学生谈话更要考虑当时的心境和气氛，师生双方心境良好，气氛和谐宜谈，反之，应调整心境和气氛后再谈。例如，李同学性格倔强，主观偏执，总认为自己正确，听不进别人的意见，又感到别人似乎总是用尖刻挑剔的态度对待她。她逆反心理强，自律性差，虽大过不犯，但小错不断。我多次与她交谈，关心她的生活和学习，动之以情，晓之以理，但她总是对我带有很大的敌意，不愿意敞开心扉与我沟通，依旧我行我素，甚至有一次以上课不听讲的行为以表示反抗。我知道这样的学生往往是碍于面子如此行事，如果当场批评，她将会产生更大的逆反心理和对抗情绪，于是我采取"冷处理"的方法，保持适当的沉默，留给她反思的余地。一段时间之后，发现她因与同学的关系不好而导致了学习成绩下降，这时谈话的时机相对成熟，我趁机找她谈，以事实为依据，平心静气地与她分析问题，使她慢慢意识到自己的错误。这次谈话之后，她有了很大的改变，与同学的摩擦减少了，与同学的关系和睦了，学习热情逐步高涨，成绩回升且有很大的进步。

4. 做好家访，辅助了解学生

学生在家里的学习表现及在升学前所在学校的学习状况及表现，班主任一般是不清楚的，这就需要通过家访或者与家长进行沟通，来了解掌握学生的一些学习习惯、能力特点、家庭的教育方法、父母对孩子的要求与期望等。有时学生在某个时期出现学习退步或者行为异常，往往都能从家访中找出一些原因，这样教师在教育学生的过程中就会更有针对性。

5. 网络交流法

网络是一个虚拟平台，为师生交流提供了一个平等空间。网络的开放性营造了一种非常宽松的沟通环境，交流双方没有了明确的身份对应，从而可以畅所欲言。

班级管理中采用的网络应用形式主要是班级博客、电子邮箱、班级 QQ 群、班级微信群。班级博客主要分为班内公告、考试信息、学习指导、班级相册等版块，同时发布班内事务（包括出勤作业情况、考试情况、班级荣誉、学生心得和班主任心声等）、考试相关信息（包括招考政策、志愿指南、考试心理、分数查询和分数线等）、各科学习方法和资料汇总以及班级活动和个人照片。任何人都可以针对博客里的内容随时发布匿名或实名留言和评论。电子邮箱则是接收和回复学生和家长的电子邮件，进行一对一的交流所用。班级 QQ 群和班级微信群主要是实时沟通和群体讨论时使用，所有发言即时呈现，平等交流，集思广益。

6. 考验法

班级骨干分子，往往是学生自己通过参加活动展露才华，脱颖而出的。为了了解学生，我们可以给他们创造一些表现自己的机会，如在组织音、体、美、劳活动时，让其单独或牵头去完成某项任务；征求学生合理化建议和意见，从而了解学生的智慧、能力、意识，达到正确认识学生和充分发挥其特长的目的。

了解、理解、研究学生的过程是建立良好师生关系的过程。转变教育观念是真实了解学生的前提，真实地了解学生是德育工作的基础，是将新教育观落实到行动之中。只有在不断了解学生的前提下，才能理解学生的需求，理解学生在刻苦学习中取得成功的喜悦和遇到的各种苦恼与挫折，理解他们在成长发展过程中的各种需求和迷惑，才能体会到学生需要怎样的关心、帮助和指导。班主任同学生接触越多，对学生就越了解，从而同学生的关系更密切，学生就越愿意向班主任敞开心扉。这样，班主任就可以有针对性地、有的放矢地去解决存在的问题，同时，班主任也在了解学生、帮助学生的过程中完善自我，从而逐渐成为一个更受学生欢迎的老师。

班主任如何与学生沟通与交流

情感交流是教师与学生之间的桥梁，是班主任管理工作顺利开展的"润滑剂"。恰当、及时、真诚、平等的情感与思想的交流，不仅会促成师生双方的相互理解、信任、合作，使班级管理工作容易落到实处，而且有利于营造出一个真诚、理解、信任、尊重的意识氛围，让班主任和全体班级成员在宽松、愉快的环境中，品味着真情，享受着感动，体验着成功，使思想得以升华，灵魂得以净化，品位得以提升，崇高的思想品德得以在肥沃的人文大地中生根、发芽、开花、结果。

一、尊重学生、欣赏学生

尊重是师生关系发展的动力。内心没有得到温暖和尊重，就会产生许多矛盾和莫名的烦恼、恐惧、悲哀。为什么后进生会衍变成双差生，或许我们就是催化剂。他们学习不好或纪律差，长期受冷落、歧视，他们其实对未来都充满信心，都想把书念好，他们都很心虚，对外界敏感，外表却裹着一层硬壳，好像对什么都满不在乎，但内心深处仍渴望得到理解和尊重。当今社会提倡以人为本，促进社会经济、环境和人自身全面协调，实行可持续发展的科学发展观。在教育教学和班务管理中我们落实以人为本，就一定要尊重学生，尊重性格的多样性，尊重学生的人格、感情，尊重学生的独立意识，尊重学生成长过程中的一些异化现象。对一些异化现象我们不要训斥，要平等相待，以"忠恕"之道、"礼乐"之义来感化他，教人廉耻，让他从心里知道，从而达到彻底醒悟。有一句话说得好：尊重比惩罚更让人刻骨铭心。

尊重与严格要求不矛盾，苏联教育家马卡连柯说过："只有更多地尊重学生，才能更多地要求学生。"严格要求是尊重的表现，尊重又是严格要求的前提。无论学生犯多么"严重"的错误都要给他足够的申辩机会，不要大声训斥，真正触动学生的是个人和集体的舆论，不要去驱赶和威胁学生，能保护和挽救一个孩子，是一件善事，是一件很幸福的事情。

欣赏对于学生如同阳光对于植物，得到老师的欣赏是给学生最好的奖励。欣赏每一个学生的独特之处、兴趣、爱好和专长，欣赏每一个学生所取得的哪怕是极其微小的成绩，欣赏每一个学生所付出的努力和所表现出来的善意，欣赏每一个学生对教科书的质疑和对自己的超越，欣赏学生出现的一些异化现象。

欣赏学生不需要丰富的语言，言语在欣赏面前是苍白无力的，话多反而让人不舒服。学生发言你静静地听，学生运动场上竞赛你静静地看，学生习作你细细地品味，学生认真学习你默默地注视，你鼓掌、点头、微笑对学生是最好的欣赏。

二、宽容善待学生

"仁者无敌"，其实质就是宽容善待别人。作为一名教师，尤其是班主任，能以宽容之心善待学生，不仅可以维护学生的自尊心，给学生反思的时间和悔改的余地，而且能表现出教师的宽大胸怀，也必然会赢得学生的信任和拥戴。

宽容善待学生就意味着教师要把自己放在和学生平等的位置上，和学生一起去感受和体验。尊重他的人格与自由，同情他，支持他，鼓励他，引导他，帮助他。去体验他们在学习中遇到的困难、期待的心情，去感受他们在成长过程中经历的挫折、渴望。这样，教师就不会因一时的冲动给学生的心灵造成伤害。

宽容的内心是爱而不是对付。善待学生是以心对心去滋润学生的心田，去包容学生的过失，去化解学生的不良情绪。每次遇到学生犯错误时，我总是将他叫到一边，平心静气地交谈：问情况，询原因，语重心长地诱导，让学生体会到老师的批评不是害而是爱，不是整而是亲。这样宽容换来了和谐，学生就会接受老师的批评，主动反省。黄某本是一个品学兼优的好孩子，又是体育班长。由于家离学校很远，中午只好在学校就餐休息。一天出于好奇，走进了游戏厅，从此就迷上了电脑游戏，只要能抽出时间就去网吧，甚至还把父母给的午饭钱用来打游戏，成绩一落千丈。我想，要使他从迷恋中走出来离不开家长和老师的监督、关怀。于是我有意识地去和他聊天，帮他分析玩网上游戏的负面影响，让他明白自己正处在长身体、学知识的关键时期，整日迷恋网上游戏，既浪费了宝贵时间，又会使自己深陷其中不能自拔，从而影响了自己的前程。为了避免他再利用中午的时间去网吧，我把他带到了我家午休。每逢周末，我和他的父母取得联系，让他们有时间陪他外出郊游，有时我也借一些好的书籍给他看，让他感悟作品的美和人物形象所折射出的魅力。经过一段时间的教育后他表示不再去网吧了。可是没过几天他又出现了反复。我找到他，这次没等我开口他已面带愧色地对我说："老师，我不是存心欺骗您，而是管不住自己。满脑子想的都是上网吧玩游戏，我是不是无药可救了，您帮帮我吧。"看着他一脸无助的样子，我平静地对他说："老师可以帮你，但也要有你的配合才行啊。"于是我们一起商量解决的办法，这次我们的谈话对他触动很大，同时我还告诉他上网一旦成瘾，后果将十分严重，如精神恍惚，整天沉迷于虚幻的网络世界中，对现实生活毫无兴趣。长此以往，还会给今后的生活和学习带来无法预计的损失。他终于醒悟了，重新回到了集体中，现在他正以积极的态度投入到学习和生活中去。去年期末考试他平均89分，排在了班级21名。放假的前一天他来到我跟前，感慨地对我说："老师，谢谢您救了我。如果不是您，我恐怕再也回不了头了。"我抚着他的头对他说："救你的是你的行动。"他点了点头，深深鞠了一躬跑开了。看着他憨厚的举动我笑了，仿佛一学期的疲劳也烟消云散了。

宽容学生、善待学生应以理解、尊重、信任学生为基础，只有教师把学生当作有血有肉的人来对待，给他们以尊重和信任的时候，才会激发他们的潜能。俗话说"于细微之处见真情"，师生交往的细微之处往往能使学生感受到教师真诚而深厚的爱。

三、以平等的观念对待学生促进情感的交融

工作中曾听到不少班主任抱怨说某某同学自私，让他做事，他表

现得不情不愿的，支使不动。而学生却说老师不近人情，不管自己有没有时间就让自己干这干那。有人把这种现象产生的根源归结为：当今社会，家庭独生子女居多，过分的溺爱使得孩子养成了唯我独尊的心态，不懂得关心他人，缺乏乐于助人精神，是一种道德的缺失。我认为这种说法有点言过其实，小题大做。从教育学的观点来看，这种矛盾其实根源于观念上的冲突。教育者把学生提供的服务定性为天经地义、理所当然的义务，对待这个问题的观点能折射出教育者是否具有平等的教育观念，是否把学生当成人格平等的对象看待。构筑平等的师生关系需要教师放下架子，摆脱居高临下的姿态，在实施教育的具体过程中，不要习惯于单纯地从成年人、教育者的角度，带着爱之深责之切的心理去进行说教、指正，要善于倾听，了解学生怎么想，怎么看，尝试从学生的角度去看问题。在日常生活中，通过一些小事让学生感受到关心和爱护，如学生的学习用品掉在地上，碰巧经过时，不是旁若无人地走过去，而是帮他捡起来，让学生觉得这个班主任是容易亲近的，进而拉近与学生的距离。对学生存在的问题多一点理解和宽容，从爱出发，了解学生真实的感情需要和丰富的内心世界，设身处地为学生着想，给学生平等对话的机会，让学生觉得班主任是一个值得信赖的朋友，从而"亲其师，信其道"，自觉愉快地接受老师的教育。

四、适当的方法增进情感的交融

1. 基本准则

（1）多用鼓励性，少用否定性的语言

学生最在乎教师对他的态度，而且这种态度也影响着他对教师的态度。所以对学生最好"哪壶开了提哪壶"，多表扬学生的进步，少提及学生的缺点。

（2）语言简单明了，不重复

学生是不喜欢教师反复强调一件事的，这样会降低教师的威信。所以教师说话最好干净利落，少重复。

（3）积极倾听学生的想法

听和倾听是不一样的。单纯地听是被动的，而倾听是对信息进行积极主动地搜索并迅速做出判断。遇到事情，不要总是凭自己的判断下结论，多听听学生的想法，也经常能站在学生的角度思考问题，在换位思考中会有不少启发。

（4）情绪激烈时，先冷静，再交流

教师在气头上时，难免言辞过激，这时自己先在心里默数五个数，这个过程是个转移和冷静的过程，等自己心情平静了，再处理事情。学生如正处在激动的情绪中，等他平静了再说。

（5）善用非言语沟通

教师的目光、动作、体态、手势都是很重要的沟通语言。这种言语所产生的效果有时优于口头语言。教师一个温暖的眼神，会让学生信心百倍，但是一个无情的表情，会让学生认为你不重视他，从而自信下降，怨恨顿生。

2. 口语艺术

（1）幽默

幽默是人际关系中必不可少的"润滑剂"。具有幽默感的教师一走进学生中间，学生就会感到快乐，沟通也就畅通了。

（2）委婉

在师生的沟通中，有时候教师的话虽然完全正确，但学生却因为碍于情面而感到难以接受，这时直言不讳效果反而就不好了。如果把话语磨去一些"棱角"，使对方感到自己是被尊重的，也许就能从理智及情感上接受教师的意见了。

（3）含蓄

班主任在全班同学面前批评一位因逃学重新回到教室的学生时说："由于大家都知道原因，某同学终于在今天回到了自己班级……"这种说法既不伤同学的面子，也没有被全班同学误解为包庇。

当然，班主任还可以尝试"反语""模糊""沉默"等说话艺术。

3. 把握心理特点

（1）与后进生谈心——发现闪光点

后进生往往有一种自卑心理，因而情绪低落，对教师常表现出防御心理和对抗心理。与这些学生谈心，要善于发现他们的闪光点，鼓励他们抬起头来走路，树立自信心。

（2）与中等生谈心——挖掘动力点

中等生感觉到自己"比上不足，比下有余"，因此拼搏精神差，缺乏前进的动力。对这类学生可采取"触动式"谈心方式，以"柔"克"刚"，促其猛醒。但要注意的是，这种"触动"要掌握分寸，看准火候，用富于哲理性的内容激励他们，使他们能心悦诚服地接受教育。

（3）与优等生谈心——找出自省点

优等生一般比较自信，也容易自负，有时看不到自身的缺点。与他们谈心，要运用"提醒式"，在肯定成绩的同时，含蓄地指出其不足，促使他们正确地评价自己，扬长避短，向新的目标奋进。

（4）与犯错学生谈心——激发内燃点

有一部分学生犯了错误，一蹶不振，产生了自暴自弃的心理。与这部分学生谈心，应采取"参照式"方法，进行"横向"与"纵向"对比，使他们认识到导致错误的原因和所犯错误的危害性，进而增强改过的信心。

4. 把握性格特点

（1）"内向型"学生，不善言辞，但是勤于动脑，悟性较好。与他们谈心应采取平等对话方式，使他们感到教师平易近人、可亲可爱，使他们在"心求通而未得，口欲言而不解"之时能够豁然开朗。

（2）"善辩型"学生，思维敏捷，口语表达能力强。与他们谈心，应深入全面地了解他们的学习、生活状况，掌握事实根据，对其谈话内容要去伪存真，使其口服心服。

（3）"谦虚型"学生，遇事谨慎，缺乏自信。与他们谈心，应推心置腹，坦诚相见，提出明确要求，使他们切实感受到教师对自己的殷切希望。

（4）"多疑型"学生，往往对教师的谈心存在诸多顾虑。与他们谈心不但要以情感人，更要以理服人。要用充分的理由证明自己的观点无懈可击，要以诚恳的态度使学生感到教师的真诚。

班主任如何激励学生

班主任在进行班级集体建设的过程中，要实现预期目标，必须通过同学们的积极参与，才能调动学生的潜在能力，而学生的潜在能力一旦被调动，就会形成内心的愉悦，出现一种愿意接受教师教育，积极参与班集体活动的强烈动机。这种动机，就是激励的效应。所谓激励，就是通过激励学生的思想、情感和行为，调动其积极性、主动性而促其行动。

学生的积极性、主动性的调动，主要是通过班主任善于运用各种形式的激励技巧，激发学生的内在动力，开发学生的潜在能力，从而激起每个学生健康向上的求知热情，促进学生心理和智力的全面发展。

激励是所有人尤其是青少年奋发向上的原动力。从心理学上讲，赞美是驱使人奋发向上、锐意进取的动力源泉。更何况成长中的学生哪有不喜欢班主任对其关心和鼓励的呢？在与学生谈心的过程中，班主任的表扬能使学生的心情喜悦，增强学生的信心，振奋学生的精神，激发学生的潜能。所以，班主任要学会赞美学生，要不惜运用赞美的话语，赞美学生的每一个优点与进步。例如，某学生平时学习成绩一般，但是他酷爱运动，篮球技术娴熟，是学校高一年级篮球队队长，他不但在平时训练刻苦，而且在竞赛中也积极拼搏，不少老师对他的篮球技术赞不绝口。该生曾因打球生事，被校长制止，他怂恿几个学生准备一走了之，结果，保卫人员及时发现并制止了他们，我也因此事被"请"到保卫科。我认为，对班级里一些有特长、有号召力的后进生的管理，关系到整个班风，如果一味批评和指责只能加剧问题的严重性。所以，对出现的问题，我往往采取找学生个别谈话的方式，及时指出他们的错误言行，但不公布于众。对这位同学的错误，我对其单独批评教育之后，在班里却公开表扬他在篮球场上的那种拼搏精神，以此激励他在学习上也应该如此。这种扬长避短的激励，收到了良好的效果。该生因受到保护而深受鼓舞，在尽情发挥他的运动特长的同时，积极关心集体，学习不断进步，也更加尊敬老师。尤其让人欣慰的是，班级中没有形成以他为核心的问题学生，保证了良好的班风。可见，赞美不仅使学生精神振奋，而且也使学生与老师相互尊重，友好合作，关系融洽。

当然，激励要因人而异、因材施教，不可千篇一律。对待后进生，要以深厚的师爱、充分的宽容来激励他们；而对于优秀生，这种方法不太奏效。对优秀生，除了要引导他们正确做人之外，也要适时教育，戒除他们的骄傲心理。我对于成绩好的同学，以鞭策为主，即要求学生向所有比自己强的人学习，并努力赶超他们。如本次期中考试，我班某学生以优异的成绩取得全年级第二名，并荣获市级三好学生称号，但我鼓励她的只有一句话："年级第一名比你多 16 分。"我相信，这句话背后的期望和鼓励是她能理解的。当然，这位同学也是我常用来激励其他同学的一个榜样。

激励还要适时、适度，面向全体同学。例如，在美国时任总统布什来我国访问时，应邀到清华大学演讲，我事前做了宣传，要求同学们认真收看。事后我作了一个调查，问大家有多少人注意到清华的校训是哪几个字，结果答上来的同学寥寥无几。此时，我不失时机地激发学生，要努力求学，立志成为清华的一分子；要"自强不息"，更要"厚德载物"，发扬民族精神，努力学习，踏实做人。通过这件事，学生们不仅理解了"自强不息、厚德载物"的内涵，同时也达到了激励的目的。

"天行健，君子以自强不息；地势坤，君子以厚德载物。"激励能使懦弱变为坚强，能使自卑变为自尊、自强，能使消沉变为激昂向上。要知道，班主任哪怕是一点点不介意的讽刺、嘲笑，乃至冷淡、挖苦，都将严重伤害学生的心灵，泯灭学生积极进取的火花。记得美国有位教育家说过"赞美犹如阳光"，获得教师的肯定和赞美，是学生的心理需要。这种需要一旦满足，就会成为一种积极向上的原动力，人的许多潜能和情感便会奇迹般地激发出来。所以，凡是聪明的老师都不会吝惜用赞美的语言来对待学生的。

1. 表扬激励。这是班主任都使用过的手段，但是班主任运用表扬激励方法要掌握好度，切实注意以下几点：第一要实事求是，恰如其分，不能过分夸大，也不能把集体努力做出的成绩归功于某个学生或学生干部。第二要因人而异，比如对比较骄傲和容易自满的学生进行表扬时，应同时指出其不足，以防止其沾沾自喜，产生骄傲情绪。对于那些比较自卑的学生，即使他们取得一点点成绩也应充分加以肯定，使其看到自己的长处和进步。第三要注意表扬一般学生，在一个班级中，处于一般状态的学生较多，班主任表扬一般学生能激起大多数学生的动力。第四要注意表扬对象的多样性，对品学兼优的学生要表扬，对乐于助人的学生要表扬，对学习态度严谨的学生要表扬，对后进变先进的学生更要表扬。这样可以激励更多的学生前进。

2. 奖惩激励。奖励和惩罚是教育学生的必要方法，奖励是班主任常用的工作方法，而惩罚是班主任工作的辅助方法，奖励和惩罚主要用于学生表现的特殊行为，从本质上讲，奖励和惩罚都是一种对学生的激励手段。奖励是一种肯定评价。对学生进行奖励，不仅能培养和促进受奖励者的荣誉心和上进心，也能调动其他同学的积极进取心。在对学生进行奖励时，注意以下几点：第一要奖得合情合理，该奖则奖；第二要把握奖励手段，切忌简单地用物质奖励代替精神奖励。第三要把握奖励的教育性，利用受奖励者的先进事迹强化正面教育。第四要创造一种得奖光荣的舆论环境。惩罚是一种否定性评价。在学校教育中，班主任要努力做到防患于未然，要使学生的不良行为早期改正或消灭在萌芽状态，合理的惩罚往往收效明显。但应注意惩罚不应该成为班主任管理班级的法宝。学生犯错误有时是难免的，因而对少数学生进行适当的惩罚也是必要的。当然，对学生和老师来说，惩罚毕竟不是一件好事，但惩罚也可以成为一种激励的力量。对于因犯错误而受惩罚的学生，班主任要让他在心理上能接受惩罚，而不要给他造成心理上不良的阴影。同时要更多地关心和爱护他，并客观地分析学生所犯的错误，使其内心受到强烈的震动，真正认识错误，放下包袱，树立信心，从内心深处激发出改正错误和追求上进的强烈愿望。

3. 目标激励。我们知道目标是人们行为的向导、动力，明确的目标始终是自觉行动的前提。我们每一个班级的学生，在从工作能力、学习成绩方面都呈梯形结构。面对这种情况，班主任要根据每位同学的各自特点及相应的目标区别对待。但也要注意以下几点：第一目标要适当。既不能太高，也不能太低，制定的目标应当是学生经过努力可以达到的。第二要引导学生将个人目标与班级目标结合起来。第三要引导学生把长远目标与近期目标和实际行动结合起来。第四要引导学生在实现了低层次目标之后立即追求更高层次的目标，激励学生或集体不断进步。

4. 竞赛激励。学生一般都有争强好胜的特点，因此班主任可通过组织各种有益的竞赛活动，激发、鼓励学生积极进取、努力上进，培养学生的竞争意识、集体观念等。竞赛的形式可以多种多样，如学习竞赛、体育竞赛、专业技能竞赛等，通过竞赛可以形成一种外在的压力氛围，激励学生你追我赶，有利于学生的快速成长。

5. 关怀激励。关怀是一种情感行为。现代心理学提示了情感对人的行为具有激励的功能，班主任对学生的关怀本质上是一种师爱，其激励往往是十分强大的。班主任的关怀是对学生全面的爱。关怀本身就是一个教育、培养的过程。关怀体现在班主任的日常行为之中，一个亲切的笑容、一个爱抚的动作、一个不经意的问候往往都是激发学生内在情感的火花。关怀体现在对学生的严格要求之中，班主任切忌溺爱学生。关怀固然包含着对学生物质上的关心，但班主任更应该注重对学生精神的抚慰和启迪。关怀是对学生真诚的爱，是对学生的感染和感化。

班主任如何培养学生的竞争意识

随着教育改革的不断深入发展，变应试教育为素质教育已成为基础教育改革的主旋律。在新的历史条件下，如何把学生培养成为具有良好素质的世纪新人，使之适应当今日趋竞争激烈的社会，这已成为我们每一位教育工作者应立志探索、研究的新课题。

竞争是人际关系最基本的表现形式之一。凡是两个或两个以上的人各自努力，在希望达到某一目标的努力过程中，通过某种较量而区分出高低优劣，从而推进事物发展的活动，就是竞争。今天是处处充满竞争的社会，科技的迅猛发展，缩短了人与人之间的空间距离，竞争也就更加频繁和激烈。社会要发展，要进步，就需要会竞争和有竞争力的人才。学校是培养人才的摇篮，因此培养学生竞争能力成为当务之急。要做到这一点主要可从以下三方面来进行：

一、在班干部任用上引入竞争机制

班干部作为老师的小助手和班集体的核心力量，学生自己管理自己的带头人，在班级管理中具有极其重要的作用。加强班干部的培养既有利于减轻班主任的工作负担，更有利于学生能力的培养和提高，还有利于班级凝聚力的加强。但作为班干部不可避免做许多学习之外的工作，同时对他们要求也多，会在一定程度上影响他们的学习，有的学生和家长认为吃亏而不愿意当班干部，他们愿意在学习上比，而不愿意在当班干部上争。针对这种情况，我在进校初就对学生进行教育，使学生逐步认识到当班干部并不是苦差事，它可以培养自己的组织能力、管理能力、自我约束能力，不断激发自己奋发向上，会使自己不断进步。联系当前社会竞争激烈，还给学生讲了大量的事例，特别是改革开放中成功和失败的事例。从感性和理性的角度对学生进行开导，将学生的竞争意识激发起来，然后适时引入竞选班长活动，结果学生踊跃参加，全班不管成绩好的还是成绩差的都积极参与，尤其是成绩好而原来参加活动不积极的学生变化尤为明显。竞选成功的学生工作热情高，认真负责，对自己要求更加严格，能力得到了极大提高。失败的学生查找原因，争取进步，准备下一次竞选。班干部任用上的竞争机制，使班风明显改观。

二、在常规管理上引入竞争机制

班级是学校的细胞，小组是班级的细胞，为了在各项常规管理工作中取得较好的成绩，必须加强班级的基层组织——小组的管理。小组长是通过推荐产生的。我给小组长以"组阁"——在全班范围内选自己的组员的权利。于是出现一些后进生没人选的情况，使得这些后进生认识到了自己的不足，也认识到了竞争的残酷性。这时，我及时对他们进行帮助教育，若是以前这些学生是根本听不进教导的，现在都能虚心接受。我又去动员小组长接受这些后进生，给他们以改过自新的机会。通过这一活动，后进生中的绝大多数都能改正以前不积极的做法。小组成立后要制定出各自小组内的管理办法，这样，组员对小组长负责，小组长对班长负责，班长对班主任负责，班主任当好导演，让学生自己表演。为了激发竞争、鼓励进步，每周评选一次先进小组，一名先进个人，给予物质和精神双重奖励。采取这些办法后，扭转了部分学生难管的局面，各小组成员群策群力互相竞争，争当先进。整个班集体也就形成了争当先进的好风气。

三、在学习上引入竞争机制

学生的主要任务是学习，而学习从来就不是轻轻松松的事情，"不经一番寒彻骨，哪得梅花扑鼻香"，正因为这样，许多学生怕吃苦、怕动手、怕动脑筋，成绩就一塌糊涂，成绩差就没信心，不想学，变得更懒惰，形成恶性循环，学习成绩始终上不去，为此，我充分利用班会的机会，给学生介绍当前的国际国内形势、科学知识的重要性，分析我国在国际上的位置以及与发达国家的差距，让学生实实在在地认识到祖国未来强盛、振兴的希望寄托在他们身上，他们要有进取心、责任心和信心，要有拼搏的勇气，能找准自己的位置，定好目标努力学习，去把自己的成绩放在小组、班级、同年级中比，再把眼光放远点,在全市比……,每期至少进行四次成绩评比,成绩进步大的给予物质奖励和精神鼓励。这样,就在班上形成了一种"比、学、赶、超"的良好学习风气,许多学生进步非常快,常出现几个同学成绩非常接近的情况。

班主任如何对学生进行赏识和惩戒教育

赏识教育就是要理解尊重学生,欣赏激励学生。教师在教学过程中应该丢掉那些无意义的讽刺、挖苦,多一些有意义的赏识、激励,从而挖掘、激发、调动学生的动力,使不同学生都能在愉悦的学习状态中成长。赏识教育并不意味着不能对学生进行惩戒,在培养学生成才的过程中,任何一种教育思想都不是万能的,教育并不排斥惩戒,重要的是班主任如何对学生进行赏识教育和惩戒教育。

一、赏识教育

1. 理解学生的基础上尊重学生。理解尊重学生是赏识激励学生的前提。理解学生就应该了解学生,熟知学生。某教师正在声情并茂地讲课,发现某差生头冲窗外若有所思,他顿时气不打一处来,快步走过去,对那位学生说:"不想学是不是?好,干脆给我出去!"事情反映到班主任老师那里,班主任觉得事出有因,就坐到学生的位子上向窗外一看,是一棵老杨树,叶子掉光了,没什么好看的。班主任找学生谈心并仔细询问原因,学生说:"我妈妈就是在树叶掉光的时候去世的,每年的这个时候我都非常想念妈妈。"显然,那位老师并没有理解学生,更没有尊重学生,粗暴地对待学生,没有起到教育学生的效果,反而会使学生产生敌视心理。

尊重学生就意味着不伤害学生,不随意批评、指责学生。韩国一位官员微服私访时看到一位农夫驾着两头牛耕地,就大声问农夫:"你这两头牛哪一头更棒?"农夫一言不发,等耕到地头时,牛在一边吃草,农夫附在官员耳边小声说:"左边的那头牛更好。"官员奇怪农夫为何如此小心翼翼,农夫解释说:"牛虽是牲畜,但心和人一样,如果大声评论哪个好哪个不好,它们能从我的眼神、手势、声音中分辨出我对它们的态度,那头虽然尽了力但不够优秀的牛心里会很难过。"

农夫尚且知道尊重自己的牛,何况我们这些有知识、有教养的班主任。牛尚且有自尊心,何况我们这些有思想、有情感的学生!

2. 平等对待每一位学生。班主任不仅要爱,更要博爱。一位挑水工用两只水桶挑水,其中一只有裂缝漏水,每次挑水到家时只剩半桶水。有一次,有裂缝的木桶对挑水工说:"我真感到羞愧,我只能运半桶水,使你的工作价值得不到完全的体现。"挑水工说:"别在意,我们一起出去走走。"他们来到了每天挑水经过的路上,看到路边有美丽的花朵。挑水工说:"你有没有注意到,只有你这一侧有鲜花?那是因为我知道你漏水,就在这一侧撒上些花种,正是你漏出的水浇灌了它们,我才能采到美丽的花来装饰我的房间。"

有裂缝的木桶多像班里的潜能生,但又有多少这样的学生能够遇到像挑水工这样辨证地分析问题、解决问题的班主任呢?

二、惩戒教育

没有惩罚的教育是不完整的教育,没有惩罚的教育是一种虚弱的教育,脆弱的教育,不负责任的教育。可见,教育并不排斥惩戒。

1. 依法执教,以理服人。班主任惩戒学生要以尊重为前提,既要合理,又要合法。合法就是要尊重学生的隐私权和家长的监护权。以理服人就是惩戒有方,充分考虑到孩子的承受能力。合理的惩戒是教育,超过一定的限度就会变成体罚。学生上课睡觉,罚站5分钟,能起到提醒的作用,如果罚站一节课就变成体罚。

2. 以诚待人，充满爱心。教育的艺术是爱的艺术，作为教育手段之一的惩戒，与体罚截然不同。有一个男学生，恃强凌弱，屡教不改。一天，他打了同学，又故意弄脏女生的裙子，老师认为不罚不足以警戒。老师先严肃地对其讲道理，然后和气地要他伸出右手，紧紧地把他的手放在衣袋里。老师说："今天我们就这样生活，不使用右手，为了使你不感到孤独，我把我的右手也同样放起来。"这位同学看到自己的行为伤害了老师崇高善良的心，流下了眼泪。

3. 讲求艺术，因材施"惩"。惩戒教育不是随心所欲，要讲求方式方法，做到因人、因事、因情、因境施"惩"。对缺乏耐心的学生罚拼七巧板，对缺乏亲情的学生罚写一封家书，对不爱体育活动的学生罚跑步，对不爱阅读的学生罚朗读一篇美文，对有暴力倾向的学生罚背诵法律条文。

在学生的成长道路上，任何一种教育思想都不是万能的。赏识教育也好，惩戒教育也罢，都要基于班主任对学生的真心关爱。

班主任如何评价学生

要让评价人性化，使其成为一种关爱。过去一谈评价，学生就很自然地与考试联系起来，冷冰冰的考试让学生生畏，一听考试就情绪波动，心跳加快，吃不好饭，睡不好觉，有的甚至发烧拉肚。这就是对人性的一种摧残。人性化的评价更多的是教师用慈爱的眼神来观察学生，用温暖的手来抚摸学生那稚嫩的脸庞，师生轻声细语交流，而没有训斥、责备，学生没有做好某一件事情时，他自己已经感到很有压力了，很自责了，这时老师的关爱评价会使他鼓起勇气和信心，克服不足，战胜困难，取得成功。关爱评价会抚慰学生心灵，调节学生情绪，使他们在愉悦中健康成长。

要让评价人性化，并成为一种赏识。成人往往自觉或不自觉地把自己的意识强加在孩子身上，用自己的思维水平和经验来衡量孩子们的思维水平和经验，于是总觉得他们这也不行，那也不好，从而忽视了儿童的承受力。"恨铁不成钢"是一些老师经常挂在嘴边的一句话，虽然这些老师的愿望是好的，但却违背了儿童的认知规律。儿童就是儿童，他们诚然具有强烈的好奇心和求知欲，具有很大的发展潜力，但毕竟处在一个思维、心智成长的时期，还没有达到成熟的阶段，他们认识问题的能力是有限的。课程标准提出"低估儿童学习科学的潜能比高估更可怕"，这主要是从他们的好奇心、求知欲、对感兴趣活动的热情和投入程度以及儿童化的想象力等方面而言的，绝不是指他们的科学认识能力、逻辑思维能力和科学知识水平。所以我们在评价学生的学习时，对学生的要求不能过高、过严、过全，而要符合他们的实际，赏识他们的一点点进步和收获，用赏识的眼光看待儿童，他们是天天进步，天天发展，天天成功，充满活力和创造力的儿童。成长需要激励，面对失败或成功的结果，孩子最需要成人的安慰和鼓励，学生最期待教师公正的评价和积极的肯定。教师拿起表扬的武器，就能减少学生失败后的灰心，就能增加学生成功后的信心。

一、以客观公正为标尺勾画出学生真实的人格

第一，要善于观察了解学生，掌握学生平时表现的第一手资料。

巧妇难为无米之炊，如同写作一样，积累、收集学生的个人素材，掌握学生日常表现的第一手资料是写好评语的重要前提。要做到这一点，就要求班主任平时工作要有强烈的责任心，应深入到学生的日常生活和心灵深处去。要常下到班级，多关心学生的学习、生活，多和学生一起参加各种文体活动，与学生打成一片，让学生喜欢接近你，把他们最真实的一面展现给你，从而通过学生的所言、所行、所想来了解其内心世界。

另外，要多与学生谈心。有些学生性格内向，不喜欢参加集体活动，平时将自己包装得比较严实，自己的苦乐不愿与人诉说。对于这样的学生，班主任绝不可忽视他们的存在，而应主动出击，多找他们谈心，以真挚的情感换取他们向老师吐露心声。

再有，班主任还应多向班干部和其他课任教师了解学生的情况，并具备透过现象看本质的能力，以便全面、准确地评价每一个学生。

第二，要公正、真实地评价学生。

班主任对学生的操行评定必须做到公正客观、真实准确，要恰如其人、恰如其分。既要总结成绩，肯定学生的进步，又要恰当地指出缺点和不足；既肯定成绩，又不渲染成绩，既指出不足，又不夸大不足；既要避免隐恶扬善，又要避免以偏概全。

班主任尤其应注意不能以个人好恶、亲疏远近为评判学生的依据。不能因平时印象好就大力赞扬学生，言过其实，也不能对后进生加以责难、歧视贬低。这样做既不利于优秀生继续进步和提高，同时也会引起后进生的逆反心理，而给今后的管理带来不利。

二、以鼓励表扬为引线点燃学生希望的火花

"好笔力，好见地，读史有眼，立论有识，小子可造。其竭力用功，勉成大器。"这是小学教师给茅盾的作文评语。其实"小子"才十二三岁，教师的评语似乎有点言过其实了。但是，谁又能否认，正是教师那鼓励得激奋人心的评语，很大程度上促使少年茅盾成长为后来的一代文豪。

三、以细腻具体为刻刀雕镂出学生生动的个性

每个学生都有自己的个性特点，正如似锦的繁花，正因个体不同，才能造就出群体的五彩缤纷、姹紫嫣红。班主任应善于发现每个学生不同的美丽，学会欣赏这种美丽，并让学生感受到教师对他的欣赏。

那种面面俱到、千人一面，年年如此、人人适用、只有共性没有个性的套话式评语，如同印刷厂统一印制出来的图案，绝无大自然天然花木的勃勃生机，这样的评语不能调动学生内在的积极因素，评语的绩效自然也就丧失了。

四、以亲切生动为雨露滋润学生干渴的心田

教育不能没有爱的语言，就像池塘不能没有水一样。评语本上的语言同样应生动可感、充满温情，体现出教师对学生的一片赤诚爱心。

传统"八股式"的评语语气冷漠，面孔冷峻，枯燥干瘪，空泛雷同，让人读来味同嚼蜡。如"该生尊敬师长，团结同学，劳动积极，热爱集体，积极参加体育锻炼……但上课听讲尚欠专心，纪律较为散漫，希望今后能改正缺点，争取在下学期更上一层楼"，这种没有温情、没有个性的评语读起来都使人头痛，学生和家长又怎么会认真对待、从中获益呢？

五、以含蓄委婉为清泉冲淡学生心头的阴影

自尊心是青少年最敏感的角落，是学生前进的潜在力量，是前进的动力，是向上的能源，它是高尚纯洁的心理品质。一个丧失了自尊心的人将是不堪设想的，维护和培养学生的自尊心应该是评语的目的。

一份好的评语应多对学生的发展和所取得的成绩表示认同，对学生的缺点则应通过语言的隐含信息折射出来。中国古人也讲："树怕伤皮，人怕伤心。"在给学生指出缺点的时候，班主任应采用暗示性、启发性的方式和商量探讨的口吻，采用不伤面子、不伤心的民主做法，这样才有利于学生接受教师的教育，形成健康的自我认识，同时也有利于学生接受民主意识。

六、以精炼优美为画笔描绘学生五彩的生活

在和家长沟通时，班主任对学生的评价，无异于一篇短小精悍的

作文。评语语言应经过精心锤炼，反复推敲，力求用精炼优美、清丽如诗的语言，传神地勾画出学生的个性特征，并深刻地阐明哲思道理，热情地给予鼓励表扬，委婉地指出瑕疵不足。为此，班主任平时要适当加强自己的文学修养，多读些名言佳句，做到"胸中有丘壑，笔下出乾坤"。

成功的评语是学生健康成长的催化剂、及时雨，是帮助学生树立正确的世界观、人生观、价值观的指路灯、方向盘，也是学校与家庭、教师与家长沟通的桥梁和纽带。写好评语对教育工作起着极其重要的作用。

班主任如何批评学生

在新形势下，作为基层的教育管理者，班主任直接对学生的日常行为进行规范，对学生的性格和心灵进行塑造。班主任当然要对学生进行表扬和鼓励，以增强学生的自信心和成功感，但是批评作为一种教育手段，也被我们广泛地使用着。批评与表扬同在。在实际教学中我们不难发现，不同的批评方式会产生不同的效果。这就需要我们不断提升自己的教育水平和批评技巧，有效地发挥批评的积极效应，让批评之花绽放出自己的美丽。

一、批评要与尊重同行

班主任应该时时牢记，在批评学生的时候，不能伤害学生的自尊心，不能伤害学生的尊严和人格。要坚持"心理互换"的原则，"心理互换"是指人与人之间交换心理位置，即将心比心的意思。对犯错误的同学实施批评时，班主任要先站到学生的位置上考虑问题，这样批评的内容和方法就会有针对性，符合少年的心理特点。如果只严厉地批评和指责，不能设身处地地为学生着想，很容易拉大师生之间的心理距离，形成对立情绪，导致批评失效。教师若能站在后进生的位置上和他们一起去找问题发生的原因，并想出解决问题的方法，师生间的心理距离就接近了，不但容易找到问题的症结，而且在感情上与学生也更亲近了，同时更容易了解和理解学生的内心世界，找到解决问题的最佳切入口，既治标，又治本。

1. 根据学生的性格特点，在不同的场合采用不同的批评方式

班主任对学生进行批评，要抓住恰当的时机，用好"热处理"和"冷处理"两种方法。时机不同，效果则不同，只有把握住批评的时机，及时疏通思想，才能防微杜渐，把问题解决在萌芽状态。同时也要讲究批评场合，变当众批评为个别批评。批评学生，最好不要在大庭广众之下批评，要有所回避。当着全班同学的面批评学生，可能使学生自尊心受到伤害。如今中学生多为独生子女，正处于自尊心强、感情脆弱的年龄，有时公开批评会起到火上浇油的作用，无益于问题的解决。所以批评要注意时机和场合，以保护学生的自尊心。

2. 变直接为模糊

有经验的班主任都知道，点名批评必须慎重。点名批评之前应考虑：点名之后，被批评者可能有几种反应，应如何对待。其他同学可能会有什么反应，应如何对待。若估计点名时，被批评者可能大吵大闹，那应暂不批评，认真核查事实，再进行批评。慎重归慎重，态度还是要坚决，应该点名的，决不可姑息。但有时还是模糊点好。例如，我为整顿班风，有时在班会课上说："最近一段时间，我们班纪律总体是好的，但也有个别同学表现很差，有的同学迟到，也有些人自习课聊天……"这里，我用了不少模糊语言，如"最近一段时间""总体""个别""有些"等等。这样，既有意照顾了某些同学的面子，又指出了问题，它没有指名，实际上又在指名。有时这种方式比直接点名批

评效果更好。

3. 选择批评的合理频率

批评学生不能学"婆婆嘴"，整天唠唠叨叨，今天批评，明天批评，大事批评，小事批评。应注意批评的频率，不搞连续批评。除特殊情况外，在一周内最好不要重复批评同一个学生，否则会使学生形成"抗药性"，产生逆反心理。故批评要少而精，不可多而杂。要善于判断教育效果何时为峰，何时为谷，何时需对学生进言。批评要有节制，要适时地进行，恰如其分地促成学生转变。

二、批评要与公正公平同在

班主任不能对学生有偏见，处理事情的时候更不可有偏心。毋庸置疑，教师都喜欢学习成绩好的学生，所以当好学生与教师眼中的差生同时做了错事时，很多班主任会下意识地偏向成绩好的学生，批评的态度会比较委婉一些，处罚的程度会稍微轻一些。反之，对学习成绩差的学生，往往会严厉一些，口气会更重一些。这样的批评，往往让学生觉得不公平，从而不愿意接受教师的批评。

例如，有个学习较好的学生和较差的学生同时迟到，教师会对学习较好的学生说："这次原谅你，以后不许迟到了！"而对那个学习较差的学生说："怎么回事！学习不好还迟到？好好写个检查！"这样的批评无疑是失败的，也许那个优等生会洋洋自得，把教师的批评当耳旁风。同时，那个差生会认为教师很不公平，同样是迟到，批评却有天壤之别，所以他很可能下次还会迟到。其实，不管平时这两个学生的表现如何，既然都是迟到，就应该受到同样的批评与警告。学生的心理是敏感的，尤其是学习较差的学生，所以对他们进行批评时教师更应该注意让他们心理平衡，这样才会有好的教育效果。

批评学生时目标要集中，切忌翻旧账，这是班主任要提醒自己注意的一点。学生大多数是积极向上的，一般都想改正自己的错误和缺点，但有些学生由于自制力差，有时会一而再，再而三地犯错误。在批评学生时，不要提学生旧账，而应就事论事，错在哪里就批评哪里，批评一次只针对一次的错误。批评最忌喋喋不休地列举对方继往过错，使得学生觉得你揪住他的辫子不放。

三、批评要与真诚并行

我国著名教育家、心理学家林崇德教授认为：表扬是爱，批评也同样包含着对学生的爱。要在批评中体现出对学生的爱，我们就必须批评时，站在学生的角度思考问题，寻找解决问题的办法。我曾经接手一个班级，里面有个学生非常调皮，学习成绩也很差，上课不到10分钟就坐不住了，经常有任课教师告他的状，周围的同学也很讨厌他。我站在他的角度，真诚地和他交流，告诉他，如果每个任课教师都讨厌他，同学们也因为他而不能很好地听课，那么作为班主任该怎么办呢？单独让他坐一个座位，孤零零地呆在角落里？如果那样做，就表示教师已经放弃他了。然后我又告诉他，学习差些不要紧，只要他还能遵守课堂纪律，能勤奋学习，遵守纪律，老师同学就会喜欢他……通过与这个学生推心置腹的谈话，事情逐渐有了转机。他开始认真听课了，而且还能坚持做笔记，学习成绩和课堂纪律都有很大进步。由此可以看出，班主任的真诚批评会促使问题学生不断地调整自己，在改正中不断地成长。

四、批评中要伴随宽容

班主任在批评中要懂得宽容，原谅学生的错误。学生是在不断犯错误，不断修正错误中成长的。作为班主任，我们就是要不断提醒和帮助学生改正错误，从而让学生不断进步。对待学生的错误，我们应该以学生不断进步和成长为目的，抱着宽容的心态，帮助学生纠正错误。批评时，教师要尽量宽容学生。当然，宽容绝不是纵容。我们要在批评中宽容一些，这样才能更好地做好学生的思想工作。

有一次，我的一份习题答案不见了，猜想肯定是班上的学生拿去了，因为他们手中没有答案。于是我在班上说了这件事情，并告诉学生随便拿别人的东西是非常不道德的，这是一种错误的行为。

不过最后我对学生说：“其实，拿走我的答案，这不是小偷行为，我倒觉得拿走答案的同学是个好学生呢。他拿走答案，说明他想把做过的习题提前对照一下，改正一下错题，他肯定是个积极上进的好学生。还有，这个学生拿走我的答案，说明他很在意我这个科目的学习，我很感激这位同学对我的偏爱。”学生从我的语气中并没有听出责怪的意思，于是便忍不住笑起来，这时教室里的紧张气氛也消失了。

然后我话锋一转：“不过，我也有不会做的题目，也不能保证做的每个题目都对啊，我也需要参考一下答案，而答案只有一份，如果你用完了，就找个你认为合适的机会还给老师。”我的话里有宽容，也有理解，学生当然也明白这话里的意思。后来过了几天，不见的答案果然又静静地出现在桌子上。

一直到现在，我也不知道是哪位学生拿走了答案，也不想知道，因为既然学生已经送回了答案，那就说明他知道自己做错了事情，而且已经改正了，那么也就没有必要再去追究是谁拿的了。

五、批评要与关爱同在，可以雪落无声地批评

班主任在批评学生时，要根据客观事实说明什么是导致你批评他的原因，做到批评其行为而不伤害其本身。指出学生的行为本身有何错误，对社会、学校、班集体的危害是什么，而不应该对学生进行人身攻击、人格侮辱等。杜绝“你真懒”“你真蠢”“你怎么这么没教养”之类的言语。只有当学生把班主任的批评看作对自己不良行为的反应时，他改正错误的态度和决心才能坚决。

我们批评的目的就是让学生健康成长，因此，批评学生的时候，一定要从爱学生出发。怎样对学生有利，我们就怎样做，只要让爱心贯穿在我们的批评之中，我们的批评才会收到良好的效果。

记得有一次上课，突然有个学生的手机铃声响起来。全班同学的眼睛都齐刷刷地望着她。我也停止了讲课，静静地望着她。我看到她慌忙把手机关掉，眼里是一种恐慌和恳求。于是我什么话也没说，开始继续讲课。我发现那个学生慢慢平静了下来，进入了听课的状态。

我认为，如果当时批评她，她可能整节课都没心思听课了，而且全班同学的眼睛都会盯着她，她也会非常难堪。所以，出于对学生学习的重视，出于对学生自尊心的保护，我只是望了她一眼，其实那一眼就是无言的批评，更是一种让她正常听课的爱护。

再比如，假如教师步入课堂，学生们还在喧闹不止，这时我们可以什么话也不用说，只是静静地站一会儿，学生们就会自然地安静下来。教师讲课的时候如果有学生捣乱，我们可以暂停讲课，稍稍停顿一下，望捣乱的学生一眼，他们就会立刻规矩起来……诸如此类的批评，尽管无言，但是却有惊人的良好效果。而且这样的批评，完全考虑到了学生，完全出于对学生的关爱！让批评与关爱同在，让批评如雪落无声，往往会收到很好的教育效果。

班主任如何对待"差生"

一个学校，一个班级，学生总有好坏差别。作为一个教师，既要关心"优生"，又要关心"差生"。关心好学生往往并不难，许多事情，只要教师一指点，好学生便立有起色，进步较为显著。好学生各方面都不错，教师从感情上也容易贴近，自然关心得也较多。但差生则不然。有些差生，不仅学习成绩差，且生活习惯、性格都有与众不同之处。对某个问题，尽管教师早就指出不足，并反复强调，但他仍我行我素，同样的错误不断地犯，你的话就如同耳旁风，一点效果也没有。这样的差生，想让教师从心底里去喜欢他，确实是有一定难度的。但这并不是说，差生就没思想、没知觉、没反应，就无药可救了。差生的心里也有成才的欲望，也有进步的要求，也有做人的自尊心，关键还是看教师的工作是否到位。我认为，作为一个好教师，更要特别关注差生的成长，要想成为一个好教师，也要从关注差生的成长开始着手，并且把最后的基点落在关注差生的成长上。

一、差生的类型

差生的提法过于笼统，"差"是指学习基础差，学习成绩差，还是学习态度差，学习方法差？是思想品德素质差，还是行为规范遵守纪律差？是个人性格、心理行为有偏差，还是智商偏弱？各种各样，所以不能一言以蔽之。而要对差生进行具体分析。

另外，差生分类的方法由于角度不同，依据不同，分析的结果也绝不一样。有的学生从学习成绩看是个差生，但从思想品德看说不定倒是个优等生。

再则，所谓差生并不是一成不变的，他是必然要发生变化的，或者越变越差，或者由差变好。关键则是我们的工作能否打开他的心灵之门，激发他成才的欲望，从而由差向好转变。一般来说，差生大致有下面几种类型：

1. 从德智体全面发展角度看，有的学生思想纯正、品德优良，但学习成绩却长期处于班级和年级的尾部。有的学生学习成绩不错，但在思想品德、行为规范方面却很有欠缺，屡犯校纪、校规，惹是生非。有的学生则思想品德和学习成绩皆不错，但身体却很差，稍有不慎，便增添不少麻烦。还有的学生身体挺棒，品德和学习成绩都很差，即所谓的双差生，当然这样的学生是极少数，也应是教师工作的重点。

2. 从智力角度看，有的学生的确不聪明，反应的确较一般学生要迟钝，再加上基础不好，学习方法不对，所以尽管他想学，但困难，成绩一直在低位滞留。而这种情况，以女生为多。有的学生智力并不差，只是因为学习态度一直不够端正，贪玩，不肯下功夫，因此成绩也一直上不来，此情况以男生为多。

3. 从心理行为看，有的学生虽竭尽全力，也难有所成，尝够了失败的痛苦，故面对学习会产生厌学情绪。有的学生则平时学习尚可，但一到考试就紧张，导致成绩失常，且越是大考越紧张，越失常。有的学生则认为眼下努力为时尚早，自己从小学到初中都是靠临时抱佛脚、赶夜车干出来的，现在苦读不合算，不如到时候再说，故而成绩也难有起色。

总之，对差生要具体分析，要辩证分析，要用发展的眼光看。

二、差生的心理

正因为差生的类型各种各样，差生的心理也不尽相同。我接触了一些差生，与他们进行了交谈，了解他们的一些心理状况。大致有以下几种情况：

1. 恨。恨自己笨、不成器、不成钢。这种心理主要来自于那些学习态度尚端正，但学习成绩总是无大起色的学生。他们不是没有拼搏奋斗过，但在一次一次尝到失败的苦果后，他们动摇了，退却了，丧失了自信。

2. 混。不正视问题。这种学生虽是差生，往往因家庭境况较好而无紧迫感，热衷于穿名牌、交朋友、追明星、玩电脑，看到别人刻苦学习认为很不值得，且寻得欢乐、开心就行，做一天和尚撞一天钟，混到个毕业文凭就行。

3. 悔。这部分差生，他们对以往由于自身的所作所为而造成的某方面的不足感到后悔，为目前与他人的差距而担忧，为找不到正确的方向而彷徨，为没有正确的向导而发愁。这部分人在差生中绝不占少数。

4. 弃。主要表现为自暴自弃。这也是差生中一种较为普遍的心理。他们认为，自己在思想品德或学习方面的"差"，甚或"双差"，如今已是积重难返。长期以来，老师已经形成了"某某是差生"的概念，我即使想努力，也不会有什么用。特别是那些"双差"生，以往也可能跟老师发生过争执，给老师留下过不好的印象，他们看自己前途一片黑暗，于是也就缺乏前进的动力，缺乏前进的目标，而采取自暴自弃的态度了。

5. 毁。有这种心理的差生占极少数。他们往往因为经常受到老师的批评而恼怒，或因受到误解而形成一种扭曲的变态的心理，于是就产生一种想毁掉自己或毁掉别人的念头。这种人占少数，但为害极大。若不注意防范，妥善处理，往往容易酿成苦果，造成极大的损失，所以一定要特别注意。

当然，现实中差生的表现，情况则更为复杂，有的是半悔半恨，有的则是既"弃"又"混"，有的则是由"恨"而"弃"而"毁"，各不相同，这里就不多谈了。

三、差生的典型例子

根据上述的几种类型，举几个典型的案例。这些案例，都是我班级的，这些学生有两个已经毕业，但因为例子很典型，故仍然采用，以作分析。

A. 全某某：学习基础差，读书效果差，学习态度不端正。高一时已经留过一级，如今到高二学习成绩总在年级倒数三名之内，高二下学期期中考试时竟有五科不及格。

B. 张某某：该同学头脑聪明，学习成绩不算差，但玩心极重，自由散漫，极想表现自己，遵守行为规范差，经常是大错不犯，小错不断。上学期期末学习成绩下降到年级的 280 多名。

C. 朱某：该同学从外地转入我校，因成绩特差而连留两级，在高一读了三年，遵守学校行为规范也极差，是学校有名的"四大金刚"。他性格倔强，自尊心极强，曾与老师发生过几次争执，不服教育。老师对他有看法，他自己也自暴自弃，抱"破罐子破摔"心理，没有上进心。

D. 胡某某：该生是上一届学生，去年已经毕业，但例子极为典型，故仍需借用。他英语奇佳，而语文、数学却双双"红灯"高照，属畸形发展一类，是一个颇为奇特的"差生"。

E. 凌某某：该生也已于去年毕业，理由同前。此人脾气极为古怪，在班级中绝不多说一句话，独来独往，让人琢磨不透。因父母都在外地工作，不常返沪。我要跟他的家长见面，联系了两年，竟未能成功。有一次事先跟他家长约好见面日期，却又被他专函写信通知我，解释家长因情况突然变化提前离沪而未能见面。我花了两年时间才真正弄清了其中的原因。

F. 沈某：该同学思想品德及学习成绩都不错，但身体极差。高一时突发胃出血住院治疗，高二、高三又连续复发，也是一个极特殊的差生。

四、我的原则及对策

作为一名人民教师，对学生特别是对差生，要做到：诚、爱、严、宽、实。现结合前面介绍的案例，具体阐述我的做法。

1. 诚。首先要摆正自己与学生的位置，要认识到教师是"传道授业解惑者"，同时教师又是以学生为服务对象的，即教师是为学生服务的，教师的任务不仅是教知识，讲道理，更是为促使学生成才、成人创造条件。要让学生相信你，愿意你为他服务，你就必须坚持一个"诚"字，以诚待人，以诚取信。

如C例子中提到的朱某，该同学转到我班后，对我存有严重的戒心，对我敬而远之，我几次找他谈心，都因他保持沉默，不果而终。但我并没有因此而气馁，还是坚持找他谈心，并冒雨到他家访问。在"周记"中我写出要与他交朋友。我把他调到最前排，以提高他的学习效果。我免费为他补习语文，并想方设法为他请数学家教。由于他数学成绩太差，几位数学老师都婉言谢绝了我的请求。我的"诚"意逐渐打消了朱某的顾虑，他开始跟我有话说了。后来我了解到该同学父母都是文艺界人士，母亲长期在外地组织演出，父亲原在外地工作，调入上海后又因工作太忙，而无暇照顾他的学业。其实，该同学并不如传说中那么"坏"，而是因缺少管理，缺少关心和缺少指导而在行为规范方面有所欠缺，他也不像传说中的那么"愚"，除了因一些客观原因和主观上不够努力而学习成绩较差外，其他的天资并不差。他曾经获学校电脑操作比赛二等奖，他会自己修自行车，还会装卸电脑，尤其在文艺方面还很有天分。我觉得对这样的学生要辩证地看，应该主动地关心，帮助他扬起成才的风帆。我鼓励他参加校艺术节的比赛，以发挥自己的特长，果然他在比赛中一举夺得现代舞蹈一等奖和外国歌曲演唱一等奖。在他过二十岁生日时，我特意买了十六寸的鲜奶大蛋糕去祝贺。他激动地说："王老师，我一定要好好学习，争口气!"现在这个同学在各方面都有了较大进步，不少老师都说他变了，换了一个人似的。我体会到，只要你诚心诚意地去为学生服务，并晓之以理，动之以情，即使"冰山"也会被你融化的。

2. 爱。教师对学生的爱，是无私的，是高尚的，这是教师一切行为的内在动力。但一般说来，教师的爱的"甘露"洒向那些聪明伶俐、成绩好的学生比较多，洒向那些学习成绩差、行为规范差的学生则比较少。我注意到了这个问题，便采取了与此不同的做法，我认为"差生"更需要"爱"；较之于好生，"差生"更需要关心，需要老师的爱的滋润。

如 A 例中的全某某，刚来我班时，成绩是全年级倒数第三名，父母也经常为这个孩子而吵得不可开交。对这样的学生，本可以按学校留级标准把包袱甩下去。但我没有这样做，而是积极主动关心他、鼓励他，指出他的问题，帮助他树立信心，解决他的实际困难。在这次期末考试中，该同学成绩有了明显的进步，免除了留级的危险。

如 F 例中的沈某，体质很差，在校三年，连续三年突发胃出血。对于这样的学生，我平时如关心自己子女一般去关心爱护。他在医院时我则多次去探望，鼓励他与病魔做斗争。出院后，我一方面尽力照顾他的生活，每天为他热饭热菜，帮他补课。

3. 严。对学生的爱要在心中，在行动中则应表现为"严"。学生犹如一棵棵正在成长的小树，既需要阳光雨露的滋润，又需要施肥、剪枝、除虫等管理，所以要严格管理，要按照中学生行为规范来约束管理他们，培养他们遵守行为规范的好习惯。

如 B 例中的张某某，该同学如"牛皮糖"，大错不犯，小错不断。经常挨批评，做检查，却从来不改。我没有就此放任自流，而是一次又一次耐心教育，与他谈心，帮他分析原因，指出他的问题根源于行为习惯太差，缺乏坚强的意志。我不厌其烦一次又一次地纠正他行为上的偏差，经过一段时间的训练，该同学的素质有了较明显的提高，学习成绩也上升得比较快。

4. 宽。对学生在思想教育、行为规范方面要求要严，但在处理某些具体问题时又要宽以待人，即使对于那些犯了较严重错误的同学也要慎重处理，不能一棍子打死，不能动辄定为品质问题，因为他们毕竟还是学生，有这样那样的缺点，犯这样那样的错误，都是正常的。在我任班主任的班级中，我一般不给学生以处分，而是教育从严，管理从严，处理则从宽，因为这处分很可能会挫伤学生的自尊心，给他们的心灵笼上阴影，很可能会给他们带来终生的遗憾。

　　E 例中的凌某某，该生在班级里一直不声不响，又有点口吃，穿着很朴素，一看就是个可怜兮兮的老实人。他父母都在外地工作，我几次要跟他约见他父亲，都被他以"父亲未回来"为由而拒绝。有一次，校长找我，说有个家长向区教育局写了信，反映六十中学王增宝老师长时间不跟家长联系，连"学生手册"都没发。我当时就判断很可能是该生的父亲写的，因为我的学生手册都是亲自交给每一个学生家长，唯有这个学生例外，因为他的家长长期不在家，"学生手册"是让学生带回去的。这事又不好揭穿，我便一次又一次地询问他家长什么时候回来，但一次又一次被他以各种理由挡住，我便决定先到他家看看。第一次到他家，门紧闭，我喊了半天，叫不开。第二次再去时，我先问邻居他在不在家，邻居肯定地说他在家，我又使劲喊了半天，还是不开。最后还是邻居到楼上，从隔壁阳台去喊，他才下来开门，说是"睡着了，没听见"。进了他们家，一看，确实很艰苦，我满身是汗，他家破扇子也没有一把，用一只脏兮兮的杯子倒了杯凉水给我，我也没敢喝。我很同情他，一个人既要学习，还要自己烧饭洗衣，很不容易。回来后我便给他免去了学费，免去了各种补课费，还拿出点儿钱资助他的生活，但我总想见他父亲一次，以解开我心中的疑问。每次问他，他总是说，前几天回来过，昨天又走了。我想，这个孩子独立生活很不容易，等于是既没有父爱，又没有母爱，我作为老师应该多关心他。有一次，我又去家访，这次他听到我的声音就下来了，我问他爸爸回来没有，他说没回来，我提出要上楼去坐坐，他也不置可否，态度很冷淡。我当时曾想别上去算了，上去也没有什么必要，但我还是上去了，想看看他最近有什么困难，有什么问题好帮帮他。当我爬上这老式房的阁楼时，我却清清楚楚地看到他爸爸正坐在屋里！这次我可真气坏了！从教二十年，从黑龙江边到黄浦江畔，我还真未见过这么一个当面撒谎竟毫不脸红的学生。他在同学中一向有"老实人"的美称，想不到说起谎话竟如此从容不迫！我受骗了，受骗于一个毫不起眼的年轻人，受骗于一个我为他省去了许多开销的学生。我感到一种心灵上的震惊。后来我跟他爸爸交流了情况，原来他爸爸最近常回来，他也在奇怪六十中学的老师怎么这么长时间不跟家长联系，于是他就向区教育局写了这封信，我让学生转交的"学生手册"被该生藏了起来。面对这样的一个学生，要不要处分？要按我当时的心情，真想要好好整治他一番，但后来我想，还是要教育从严，处理从宽，我于是连续几次耐心地找他谈话，帮他认识这种撒谎的危害性。该同学痛哭流涕，发誓决不再犯，于是我就没有处分他。后来该同学表现的确不错，被发展为共青团员，后来以 437 分的成绩考上了上海大学文学院。

从这件事，我体会到，对学生的处分一定要慎之又慎，因为他们毕竟还是孩子，要给他们的成长留有充分的余地。

5. 实。帮助"差生"，一方面是指出方向、找出差距、树立信心，一方面又要实实在在地帮他解决实际问题，一定要落到实处，一丝不苟，而不是"点到为止"。

D 例的胡某某，这是一个很特殊的"差生"。他英语特别好，可以用英语当场讲解足球比赛，可以用英语当场翻译出他的中文演讲稿，但语文、数学却双双"红灯"高照，属于严重"瘸腿"型的"差生"。我认真分析了他的情况，既然英语奇佳，说明此人天资不差，记忆力也不错，那怎么会语文、数学却都不好呢？关键还是缺乏兴趣，导致基础越来越差。我便一方面寻找机会创设条件让他发挥自己的特长，一方面为他约请数学"单兵教练"，我自己则每星期为他补两次课，并经常关心检查相关情况，及时予以调整安排，以取得最佳效果。

在这几年的实际工作中，我体会到，对六十中学而言："差生"的转化是至关重要的，是难点，也是重点。六十中学的升学率要有所突破，关键在差生的转化上。六十中学要落实"人人成才"的目标，重点就在差生转化上；我们的班主任工作要有所突破，难点就在差生转化上。我们大家都来关心差生，爱护差生，差生就不会再"差"下去，这样，我们的"人人成才"就可以落到实处。

班主任如何与家长沟通

为了达到更好的教育效果，班主任常常会请家长到学校来共同解决问题。现在每个班级都有六十多个学生，每个学生都有好几个家长。每个家庭的家庭环境、文化程度、思想认知、经济条件等等各个方面都存在一定的差异。每个问题学生的背后往往都有一个问题家长存在。作为教师，我们和不同性格特点的家长沟通交流的时候还应该注意分类对待，注意方式方法。

一、负责任型的家长

这类家长往往会把问题看得非常地严重，心里比较紧张，认为孩子不应该犯此类错误，大多有"恨铁不成钢"的心理。一旦得知情况，火气很大，对学生非打即骂，在教师面前严厉地训斥自己的孩子。此类家长责任心很强，态度非常积极，只要班主任有需要就会积极主动地配合，对学生也起到强大的威慑作用。但是这种独裁式的处理方法仅仅是发挥家长的威严，有利于减少学校教育的阻力，保障教育教学活动的顺利进行，但却没有对学生进行情感攻势，在很多时候学生表面上是屈服了，但实际上内心是不以为然的，教育的效果不是很明显。面对此类家长，班主任应该把握好通告信息的度。应该把事件讲详细，慎重分析事件的前因后果，不能充当导火线，建议家长采用合理的方式来解决问题。变盲从教师为利用自身优势来面对自己的孩子，用刚中带柔的策略来瓦解学生的固执。

　　我班里曾经有这样一位学生，开学的时候成绩还是不错的，很有希望上重点中学，后来迷上了上网，成绩一落千丈。得知这一情况后，我马上对其进行教育工作，分析利弊，经过多次交谈，该学生拿出了坚定决心，表示不再去上网，并请老师和同学对自己进行监督。为了防止该生周末偷偷去上网，我把家长请来学校。一听说自己的孩子偷偷去上网，还没等我把事情讲清楚，家长火冒三丈，急于兴师问罪，就在办公室里严厉地训斥孩子，还扬起巴掌要打学生。这样一来家长和学生之间就直接站在了对立面，冲突很严重，遇上叛逆的学生，他就会故意去上网气家长。这种状况给班主任的教育工作带来了很大的麻烦。有些时候甚至会使班主任的工作成果毁于一旦，前功尽弃。面对此次失败，作为班主任的我没有引导好家长，没有同家长事先商定解决问题的方案。

　　二、溺爱型的家长

　　这种家长比较欣赏自己的孩子，对其缺点不够重视，甚至避而不见。重养轻教，尽其所能满足孩子所有的要求，保证孩子不受一点委屈和伤害。做事听之任之，不加任何的干涉。只要孩子取得一点成绩就给予物质的奖励，确保孩子在班级中的优越感。在农村此类家长很多。许多学生的父母都在外打工，由爷爷、奶奶照顾，这种隔代的家长对孩子的溺爱程度就更深。在这种家庭中长大的学生都比较自信，甚至是自负，一旦碰到问题就无从下手，不知该如何解决，对事物的艰难性缺乏足够的心理准备。

接到老师的通报时家长并不完全相信老师所言。他们会及时地与学生取得联系，或者四处打听，寻求学生版本的事件过程，并且很快就会把对事件的认识归结到学生的立场上。反过来再与老师讨论问题的原因，最终的结论往往是"问题不大""暂时现象"等，建议老师不要大惊小怪，不要把小事情搞大，认为区区小事不会影响孩子的成长。

这种同学生一个角度看问题的家长，不是教育工作的坚强后盾，仅仅是可以争取的力量。对这种家长，班主任平时就应主动与其沟通，将学生日常的学习表现告诉家长，使其做到心中有数。用词要恰当，不夸大，不回避，多举事实不做评价，并且要人证物证都有，防止学生回家后"翻供"。另外出现问题时班主任应有孤军作战的思想准备，不是特别严重的问题尽量不要惊动家长，形成处理结果后再告之家长。做通学生的思想工作是家长顺利接受结果的前提，日常的交流与信任是老师与家长合作的基础。

班主任与此类家长接触时要慎重。对于家长的认同不可强求，赢得几分是几分。若过于激进，就会把家长推到学生那边，这样一来，既不利于问题的解决，又不利于学生的发展，甚至会引发老师与家长之间的矛盾。此类家长以女性家长居多，班主任与其接触时更应注意。

三、搪塞型的家长

此类家长明白老师的好意，也想维护老师的积极性，不过更不想让孩子受委屈，心疼孩子的委屈，总认为孩子不懂事，犯错误有一千个理由，一万个原因。当得知孩子犯错误时完全附和老师，甚至能和老师一起批评自己的孩子,但心里心疼孩子得要命。可一离开老师的视线,对孩子却是嘘寒问暖,完全忘了作为家长应尽的职责。有的家长甚至唱反调,和孩子一起数落老师,挑剔同学,无原则地迎合孩子,以求孩子一时畅快。

这种家长是最不合格的一类。他们只知道爱孩子,却不知道如何教育自己的孩子。对于这类家长,班主任要多打听,多了解,做好准备。家长的牢骚来自学生。所以老师与学生打交道应做到公平、公正、公开,尊重学生的情感。对于学生敏感的话题要么不讲,要么就讲得精、讲得准,赢得学生对你的敬佩。在班级管理中加强舆论引导和监督,及时纠正班级中不积极的言论和做法,减少学生和家长的怨恨情绪。一旦此类学生犯了错误,遇到问题,应先对其正确的地方给予肯定,再指出不足的地方,多表扬,少批评,尽可能地获取他的信任。利用学生的信任促使其自我反省,最终做通学生的思想工作,这样的话家长也就无话可说了。如果做不好学生的思想工作,一定要家长协作,应该先将家长请到办公室里,一起探讨解决的方法,统一口径,然后再叫来学生一起进行说服教育工作。学生走后,再与家长进行交流,强调家长与老师保持一致的重要性,不给家长与学生独处的机会,从而保证教育的有效性。面对此类家长,老师应多向家长介绍学生日常生活学习中的细节,使家长感受到老师对其孩子的关心和重视,从而取得家长对老师的信任。

四、漠不关心型的家长

此类家长自身文化水平比较低,工作繁忙,家庭情况特殊,对孩子的教育很不重视。把孩子送到学校后,就不闻不问了。平时从不会主动来学校或打电话向老师了解孩子的情况。当孩子出现了问题后,对老师的通报表现得很不耐烦,敷衍了事,不能拿出时间来专门思考孩子的问题。见了孩子也不主动询问孩子在校的表现,更不会就已出现的问题对孩子进行教育。

这类家长不会和老师发生冲突和争执，对学校的教育工作没有任何的帮助。他们认为孩子送入学校就是学校的责任了，平时的交流完全是多余的。如果老师与其主动联系的次数过多就会引起他们的反感。我曾经教过这样一位学生。他是养父母抱养的，后来他的养父母有了自己的孩子，就开始嫌弃他，对他不管不问。在同学中他经常受到他人的嘲笑，为了维护自尊他经常用拳头来对付其他同学。为此我经常找他谈心，但效果不是很好。一次为了一件小事，他把同学暴打了一顿，花去上千块钱的医疗费。我打了好几通电话，他的家长才肯来学校。到学校后对老师的述说很不耐烦，甚至很严厉地责问：我的孩子送到学校，你们作为老师有责任帮我教育好，为什么还要来找我呢？对这种家长，老师应把握好交流的时间和频率，讲话要简明扼要，直奔主题，不可拖泥带水。要多介绍问题的严重性，强调事件的负面影响，对家长要具体讲清要求。

一般来说这类家长都比较粗心，对孩子的许多行为习惯都没教育好，需要老师花更多的时间和心思，但这种学生独立自理的能力很强。在跟家长沟通的时候应多强调这样的亮点，这样可以拉近与家长的距离，增加彼此之间的信任，只有摆明利害关系，击中要点，引起关注，才能发挥家长的积极性，从而更好地教育学生。

学生有千万种，家长也有千万种，与家长沟通的方式也应因人而异，因人制宜。与家长交流时老师事先应该多方打听，了解一些家长的情况。接触时多听少说多观察，看准之后再采取相应的策略。无论家长是哪种类型，家长、老师合作的出发点都是为了学生的健康成长。只要班主任在日常的工作中付出细心、真心、诚心和爱心，一定会取得家长的信任，与家长和谐相处。

二、学习篇

班主任如何对待学习动机过强的学生

成就动机是后天学习的结果。一般而言，下列条件将会激发人们的成就动机：（1）能让个人独立负起责任来解决问题的那种环境气氛，（2）能制定出中等成就目标并接受"可预测风险"的倾向，（3）有关于他们工作进展的详细而具体的及时反馈。

动机分为内在动机和外在动机。内在动机是学习者对学习活动本身感兴趣，学习活动本身就能使他获得满足，这是一种补偿，无需用外力推动而自愿学习。外在动机是由某些外部权威人士（家长、教师等）人为地灌输给学习者的，由外部诱因激发的竞赛、奖赏都属于外在动机。内在动机效应强且持久，而外在动机效应弱且短暂。这是因为内在动机是由三种内驱力引起的：（1）好奇的内驱力，这是一种求知欲，驱使学习者产生探究反射；（2）胜任的内驱力，这是一种求成欲，在取得学习成就时获得满足；（3）互惠的内驱力，这是一个人与他人和睦相处、协同合作的需要。

学习动机过强，包括过高的学习目标、他人不适当的强化，以及不合理的认知模式。按照艾利斯的理论，不合理情绪主要表现在以下三个方面：

1. 绝对化要求。这是指人们以自己的意愿为出发点，对某一事物怀有认为其必定会发生或不会发生的信念，它通常与"必须""应该"这类字眼连在一起。比如：我必须获得成功，别人必须很好地对待我，生活应该是很容易的，等。当事物的发生与其对事物的绝对化要求相悖时，他们就会受不了，感到难以接受、难以适应并陷入情绪困扰。

2. 过分概括化。这是一种以偏概全、以一概十的不合理的思维方式的表现。艾利斯曾说过，过分概括化是不合逻辑的，就好像以一本书的封面来判定其内容的好坏一样。过分概括化一个方面是人们对其自身的不合理的评价，如当面对失败或者是极坏的结果时，某些人往往会认为自己一无是处，以自己做的某一件事或某几件事的结果来评价自己，甚至评价自己作为人的价值，其结果常常会导致自责自悔、自卑自弃的心理，引发焦虑和抑郁情绪的产生。

3. 糟糕至极。这一种是认为如果一件不好的事发生了，就非常可怕、非常糟糕，甚至是一场灾难的想法。这种认识将导致个体陷入极端不良的情绪体验（如耻辱、自责、自罪、焦虑、悲观、抑郁等）的恶性循环之中而难以自拔。

在人们不合理的信念中，往往都可以找到刚才说的这三种特征。每个人都或多或少地具有不合理的思维与信念，那些有严重情绪障碍的人，不合理思维的倾向尤为明显。情绪障碍一旦形成，往往是难以自拔的，极需进行辅导或治疗。

这种不合理信念最初看来并没有觉得有什么不好的地方。但学习动机与学习效率之间并不一定存在正相系，只有适当的学习动机对学习才有促进作用，主要表现在：

1. 使个体的学习行为朝向具体而合理的目标。

2. 自我效能感越强，学习热情就越高。

3. 更倾向于进行有意义的学习。

反过来说，不适当的学习动机（不足或过强）对学生学习产生的就是负面效果。

动机过强和动机不足一样，会降低学习效率，并且比动机不足更容易导致心理的困扰和不适，就像绷紧的弦有断裂的危险一样，动机过强也有导致心理崩溃的可能。我们可以看到有些学生在学习上过分投入，不能接受失败，常常自责，所以虽然投入了大量的学习时间，但效果并不好，同时还造成了更大的心理负担。

学习动机过强的学生，其表现主要是过于勤奋，好胜心强，害怕失败，情绪波动，心理脆弱，但从表面上看，不会给班主任造成更多的麻烦；而学习动机不足的学生则表现为学习非常懒惰，容易分心，注意力差，对学习冷漠厌倦，依赖性强。这样的学生一多，就会使班主任感到束手无策。

那么，又该如何面对学习动机不足的学生呢？

首先，要帮助学生明确学习的意义，并且帮助学生建立适当的学习目标；其次，要根据学生的实际情况激发学习兴趣，对那些因考试失败而动机不足的学生要帮助他们学会正确地归因；最后，还要帮助学生掌握良好的学习方法和技能。

学习动机不足主要与学业成就有关，心理学上称之为"成就动机"。"成就动机"是"希望成功"与"恐惧失败"这两种心理作用此长彼消的结果。从这个意义上说，学习动机强的学生一定是希望成功的心态高于恐惧失败的心态，因而他们敢于选择比较困难的学习任务，以期获得成功的快乐；而学习动机不足的学生，一定是对失败的恐惧大于对成功的期望，因此他们就表现得畏缩不前，不思进取，其实质却是为了避免事后失败的痛苦。所以，我认为解决动机不足学生的问题，讲道理是没有多少用处的，关键在于给这些学生设计一些具体学科学业任务的"小台阶"，让他们从"小胜"中获得成功体验，这样就可以激发他们的"成就动机"。

学习动机一直是个比较棘手的问题，看来它与学生的认知偏差有直接关系。过去，我们班主任更多关注的往往是学习动机不足的学生，感到头痛的也是这一类学生，因为这类学生往往是学习困难学生，成绩较差，缺乏学习技能，甚至于厌学、弃学。还有一类学生也需要引起我们的关注，那就是学习动机过强的学生。从心理健康层面上来说，这一类学生也许更容易受到伤害。不管对哪个学生人群而言，教师在课堂教学时一个重要的任务都是引发学生的学习兴趣，激起他们的学习动机。对于单个学生来说，因为存在着个体的差异性，不同的学生有着不同的个性特征与兴趣爱好，教师在发现学生存在着学习动机不足或者动机过强时，应该有针对性地帮助他们。

　　那么，如何来激发学生的学习动机呢？

　　1. 激发需要。教师在教学时，应该先使学生产生学习某种知识的需要，然后再进行教学，或者根据学生的需要来组织安排学习活动。

　　2. 明确目标。让学生知道学习的目标是引起学习动机的一种好方法。学生知道学习的目标以及活动的价值，就会激发学习的需要，从而全力以赴。反之，盲目地学习，效率必然较低。

　　3. 了解学习成绩。使学生知道自己成绩的进步，也是引起学习动机的有效方法。教师每次作业、测验、考试之后，让学生知道自己的成绩，是会促使学生努力的。一般说来，现在的学习成绩反馈都是很及时的，但许多学生接受到的都是负面的信息，这时该如何激发他们的学习动机呢？第一，教师当众反馈负面信息的形式必须加以改变。现在绝大多数教师喜欢在班上公布学生的分数，对一些学习落后的学生而言，这就相当于一种当众羞辱，如果再加上教师不屑的表情、愤怒的声调和讽刺的语气，那么学生的学习动机就必然丧失殆尽。所以，及时反馈成绩的第一要务便是恪守"分数是学生的个人隐私"这一原则，采取个别化的方式在私下里与学生交流。这样学生就会感到老师是爱护自己的，是给自己尊严的，在这种情况下，教师再来与学生探讨改进的方法，他就能够听得进去。第二，引导学生正确归因。一般的低分学生会尽量给自己找一个借口，比如说最近身体不好，或者说自己就读的初中不好等等。这些学生如此的根本心态，是为了试图维护积极的自我形象，说到底还是一个自尊的问题。所以，班主任和任课教师不能一听学生这种话就火冒三丈，简单地斥责学生强调客观理由。只有在百分之百维护学生自尊心的前提下，才有可能引导学生认识到自己需要改进的因素，并由此激发学习动机。

4. 积极的鼓励。积极的鼓励（包括正确评价、适当的表扬）是对学生学习成绩和态度的肯定或否定的一种强化方式，它可以激发学生的上进心、自尊心、集体主义感等。及时的评价一般比不及时的评价效果要好，因为及时的评价利用了刚刚留下的鲜明的记忆表象，使学生进一步产生改进学习的愿望；而不及时的评价在激励学生改进学习方面的作用较小，因为在学生意识中完成任务时的情境印象已经比较淡薄了。对学生来讲，表扬和鼓励多于批评和指责，就可以更好地激发学习动机。但是要注意，过分的夸奖会造成学生骄傲和忽视自身缺点的倾向，从而引起消极的结果。在责备时也要采用巧妙的方式，即表扬时指出进一步努力的方向，批评时又肯定其进步的一面。

5. 期望与评价。期望亦称期待，它是人们主观上的成功概率，是人们对自己或他人行为结果的某种预期性认知。在学校中，期望表现在两个方面，即教师对学生的期望和学生对自己的期望（即自我抱负）。这两种期望对加强学生的学习动机、提高学生的学习积极性有很大的作用。在教学过程中，教师要善于协调学生的期望，要让期望过高的优秀生适当降低期望值；要让那些因失败而期望过低的学生适当提高期望值。期望太高，不容易达到，达不到情绪就会低落，失去信心；期望太低，会使学生讨厌和逃避学习。这都会削弱学生的学习动机，降低学习的积极性。为此，教师必须帮助学生发展恰当的期望。教师的评价对学生学习动机的形成也是有积极作用的，如对学习成绩的评价，对行为的评价，通过表扬与批评反映出来。另外对学生的评语，也会激发学生的学习动机。一般来说，含有期望因素的评语能鼓励学生再接再厉、积极向上，对加强学习动机有积极的作用。

6. 获得成功的满足。一次学习成功之后，若得到满意的效果，可以引起继续学习的兴趣，提高学习的效率，就会使学生下次更加努力。成功能使人努力向前。现在许多学习动机不足的学生，根本原因恐怕在于他们没有成功感的满足。他们对成功感的渴望被一而再、再而三的学业挫败击碎了。所以，我建议老师们对不同程度的学生要设置不同梯度的教学目标，布置要求不同和数量不同的作业，逐步提高那些学习动机不足学生的自我效能感。

还要注意的一个问题是学习动机不足的学生往往缺乏明确的学习目标，即使想要改变也无从下手，往往学了一段时间后就不得不放弃。而学习动机过分强烈的学生往往会得到外界的支持，大家会称赞他勤奋、努力、有出息，这种不适当的强化往往会使学生看不到自己存在的隐患，而陷入自己设置的困境中难以自拔。所以，教师也需要了解各方面的情况，对学生的行为进行合理恰当的评价，对动机不足的学生要适时鼓励，对动机过强的学生要积极引导。同时，这种评价还包括要使学生对评价有一个正确的态度。

只有对分数持正确的观点，分数才能起到积极的激励学习的作用。评价必须客观、公平和及时，如若评价不公正，会使评价产生相反的结果；评价方式必须注意高中生的年龄特征与性格特征，注意保护学生的自尊心，防止在公开场合对班里的同学进行公开的负面评价。

班主任如何对待学习压力过大的学生

避免压力过大的方式之一就是需要懂得"量力而为之"，也就是不要让自己绷得太紧，不要凡事都揽在自己身上，又不好意思拒绝别人，结果事情愈做愈多，难怪压力也愈来愈大。其实很多事情是可以取舍的，我们必须懂得照顾自己，学会说"不"，才有机会减少一些压力。因此，也要学习自我肯定，自我肯定的人可以适度表达与满足自己的需求，比较懂得调适压力，也比较清楚自己的限度，不会承担过多的压力。

当一个压力来源被认定对个人有威胁时，智力的功能应会受到影响。一般而言，压力愈大，认知方面的功能及弹性思维就会愈差。人的注意力是相当有限的，如果只把焦点放在具有威胁性的事件及个人的焦虑上，我们对问题的注意力就会大大降低，威胁就更不易被消除。另外，人的记忆也会受到影响，短期记忆的好坏是根据个体对新刺激的注意程度而定。同样压力也干扰问题解决、判断与作决策的能力。因为在压力状况下，我们的知觉范围缩小了，思想也比较刻板、古拙，所以很难会做出有创意的反应。

多年来，我们教师比较多关注的往往是因学习基础较差而承受着学习压力的人群，而在"成绩优异"光环下苦苦对抗巨大压力的尖子生，却容易被班主任所忽视。他们表现的主要问题是因成绩拔尖而引起的学习压力过大，从而导致他们产生焦虑心理。

学习有压力是一个很普遍的现象，几乎每位学生都会觉得学习有压力。适度的学习压力是激励学生学习的重要因素，它使学生在不断调整，使自己投入学习的过程中，改变学习方法和提高学习成绩。但学习压力过大而产生的种种问题则容易成为学生学习的心理障碍，影响学习成绩的提高。学习压力太大的学生，往往对学习成绩的好坏非常敏感。学习压力大会使学生讨厌，甚至憎恨学习。在不愿上学的学生中，有学习成绩差的，也有学习成绩好的学生。学习压力过大还会对学生的心理造成压迫型心理伤害，导致心理扭曲、心理变态，甚至自杀。

导致现在中学生学习压力过大的原因是多方面的，有学校方面的因素，家庭方面的因素，也有个人方面的因素，我们就主要的几个方面加以阐述：

首先，学校方面的因素。虽然教育部门一直在提倡"减负"，其实真正做到"减负"的学校很少，许多学校还在搞"题海战术"，加大了学生的学业负担。同时，频繁的考试和排名也是造成学生学习压力过大的原因之一，"一周一小考，一月一大考"，使得学生精疲力竭。另外，个别教师的教学方法和理念不科学，也会加重学生的学习压力。

虽然素质教育提了很多年，减轻学生过重负担的红头文件下了一个又一个，但在"一考定终身"的魔棒下，在面临高考的学校中，学生减负工作阻力重重。学生在学校里"教室——厕所——食堂——寝室"四点一线的生活已成了固定模式。延长晚自习时间，采用"题海战术"也就成了学校和教师的必备手段。

家长往往受传统观念影响，对子女有过高的期望，把孩子的成绩看得过重，把子女的好成绩看成自己的光荣，并感到快乐和幸福。成绩不好，就会觉得失望、焦虑甚至悲伤。父母的这种观念和态度往往给子女造成过重的压力。

此外，还有个人方面的因素。有的学生过于看重成绩和名次，还有的同学心中存在不合理的理念，比如，我努力了，成绩就应该好，我绝对不能落在别人后面，我只能成功，不能失败等等，造成学习压力过大。个人因素中最为普遍的问题是成就动机脱离自己的现实，或者说自我期待不合理。成就动机高或低都是相对而言的。有些优等生往往对自己要求很高，表现在学习中就是每次考试都要求比别人考得好，小小的失败都可能导致很大的情绪反应。但更常见的则是因为家长或班主任老师对他们成绩过分关注，给他们制定的学习目标脱离了他们的实际情况，而这些学生往往为成绩中等或中等偏上，与后进生比起来，他们有更强烈的改变自己学习现状的愿望，所以他们比较"听话"，能够认同家长或班主任为自己设定的目标。但他们对自己实力的判断常常有误，很难通过努力去缩短目标差距，又不愿降低自己的期望标准，因此就会感到学习压力过大。

根据经验，班级里学习压力最大的就是中等偏上的学生，老师也最容易给这部分学生施加压力。那么在班主任工作中，对这类学生应该注意一些什么呢？

班主任不仅应该帮助成绩差的同学提高成绩，同时也应该帮助成绩好的学生缓解学习压力，使他们能够轻松愉快地学习，从而提高学习效率。

缓解学习压力，首先要让学生学会正确看待考试成绩。要让他们意识到，考试的根本目的在于发现自己的不足之处，从而可以使自己有针对性地学习，做到有的放矢，不应过分计较名次的先后。很多同学都不能正确看待考试成绩，他们的情绪总是随着考试成绩的好坏而起伏，进而造成学习成绩起伏不定。

班主任还可以通过哪些途径来缓解学生的学习压力呢？

提倡学生之间相互鼓励也是非常必要的。处在中学时期的学生最需要交流，也最需要宣泄。同龄人在一起时，哪怕是发发牢骚，也会在心理上获得一个缓冲的机会，对缓解学习压力是有好处的。在关键时刻，一句关心、鼓励的话，有可能改变人的一生。因此，每次考试之后，可以以小组为单位，要求每人必须为组内其他成员写一段鼓励的话语。作为班主任，也应该多多鼓励学生，多和学生交流，及时了解他们的想法，为他们减轻压力创造途径。

此外，鼓励学生建立良好的人际关系也是一个重要的方法。人是社会的人，只有在健康的集体中才能诞生健康的个体。所以，即使学习再紧张，学生心目中还是要有集体、朋友和同学的位置，要把自己融入到集体之中去。学习压力过大时，学生可以将内心的困惑、不满向朋友倾诉，听听朋友的意见。当学生将内心的情绪宣泄出来时，他的压力其实就减轻了很多。因此，在一个和谐的班集体中，学生的压力也就相对会小一点。反之，如果一个班集体充满了恶性竞争，那就会给学生造成更大的学习压力。

同时，班主任还应该引导学生学会管理时间。很多学生之所以学习压力大，是因为他们感觉自己已经把可以用的时间都用上了，但是成绩还是不好，所以内心极为焦虑。其实，很多人是在无意中把时间浪费掉了而没留意。因此，教师应该引导学生学会合理地规划自己的时间，制订科学的学习计划，只有这样才能提高学习效率，从而减轻学习压力。

在解决了这些压力的问题之后，还可以辅之以一些"放松训练"。

所谓"放松训练"是指通过循序交替收缩或放松自己的骨骼肌群，细心体验个人肌肉的松紧程度，最终达到缓解个体紧张和焦虑状态的一种自我训练方法。实践证明，放松训练对于治疗失眠、头痛和考试焦虑有显著效果。在做放松训练时，应该注意以下几点：

1. 做好放松训练前的准备工作。最好能寻找一处安静的场所（以单人房间为宜），配置一把舒适的椅子（以单人沙发为宜）。若这些物质条件不具备，利用自己的卧室和床也可以。放松前要松开紧身衣服和妨碍练习的饰物等，减少外界刺激。

2. 保持一种舒适的姿势。使身体呈一种舒适姿势的基本要求是减少肌肉的支撑力。轻松地坐在一张单人沙发里，双臂和手平放在沙发扶手之上，双腿自然前伸，头与上身轻轻靠在沙发后背上。按一定的顺序交替收缩与放松身体各部位的肌肉群，比如从头部到脚趾，逐个部位进行"收缩——放松——再收缩——再放松"的练习。

3. 合理安排时间。最好每天早晚各 1 次，每次 15～30 分钟。务必做到持之以恒，坚持训练。

"放松训练"非常强调持之以恒，有的人做了几次，感觉没有效果便放弃了，其实，只有坚持不断地训练，才能取得好的效果。

班主任如何对待环境适应不良的学生

适应能力是指个体对赖以生存的客观现实（自然环境和社会环境）以及自我内环境变化的适应。适应越快、越主动，心理健康水平就越高；适应越慢、越被动，心理健康水平就越低。如果适应能力很差，以致无法适应变化了的内外环境，就会导致心理异常。

衡量一个人的心理是否健康，除了自我感受之外，还必须考虑其社会适应性，主观感受必须与现实相吻合。每个人都生活在社会之中，一个心理健康的人必须适应社会，与社会处于和谐状态而不是对立状态。个人与社会的适应情况表现在对自己、对他人、对家庭、对集体、对社会的态度上，表现在与他人和社会建立的联系上，也表现在对各种事情的处理上。一个对外界环境适应不良的个体，在日常的生活、学习、工作中将失去其行为的统一性，学习和工作的效率会大大降低。

人的心理失衡与障碍皆由不能够在当前的困难和挫折面前承担责任而造成。新生适应不良往往会造成他们的逃避行为，反过来逃避行为又强化了适应不良，两者互为因果，形成了恶性循环。运用现实疗法，让他们面对现实，不再逃避，从而打破恶性循环，使其得以健康成长。

高一新生入学适应不良，常常与他们到了新的学习环境之后不能及时调整自我定位有直接的关系。他们在初中阶段都是比较突出的好学生，可到了重点中学之后，他们固守原来的自我评价，不知道山外有山、天外有天，常常是在自我陶醉中度过了入学之初的一两个月，直到期中考试之后方才如梦初醒。而这一两个月又恰恰是个体适应高中阶段生活，建立对外部环境良好适应的最佳时期。一旦错过这一关键时期，就会给个体造成心理上巨大的冲击，使他们变得手足无措、忧虑重重。解决这一问题的突破口也在于改变他们入学之初的错误认知，客观地为自己在新的群体中重新定位。

新生在刚进入高中时，都会遇到适应环境方面的问题。那么这些适应困难是什么原因引起的呢？

1. 生活上的适应不良。生活上的适应困难一般是由家庭造成的，有的家长过于溺爱孩子，多年来不让他们参加任何家务劳动，一切由父母包办代替，导致孩子严重缺乏生活自理能力。一旦这些孩子放出去单飞，就会遭遇重重困难。

首先，高中生随着自我意识的进一步发展，他们非常在意自己的形象，对于他人对自己的评价也非常敏感。于是，他们在讲话和做事的时候就会小心翼翼，自己的内心秘密也不会轻易地向他人透露。所以，有些高中生在和别人交往的过程中表现得畏首畏尾，不能完全地放开自己，导致很难交到知心朋友。

其次，高中生的独立性进一步增强，叛逆心理更加强烈。有些学生的行为表现得非常特立独行、非常自我，他们渴望与众不同。一方面，他们内心深处渴望和别人沟通和交流；另一方面，他们表现出来的却是拒人于千里之外，从而造成人际适应方面的困难。

另外，寄宿制高中的生活特点也导致了人际关系的矛盾重重。因为寄宿制生活，大家接触的时间比较久，每个学生都不得不"全方位"地表现着一个比较真实的自我，这样一来，很多学生的缺点和不良的行为习惯就会不由自主地暴露出来。如果相互之间都缺乏宽容的话，那么寝室里学生之间的矛盾肯定会层出不穷。有的学生过于内向，在人际交往中过于被动；也有的学生太过以自我为中心，致使大家不愿和他接近；也有的学生缺乏基本的人际交往技巧，导致人际关系矛盾重重。

2. 学习方面的适应困难。

首先，就学科知识而言，高中的学习比初中的学习有更高的要求。比如高中的知识面更宽，知识量更大，学科知识的综合性、难度加大，系统性增强。这些都要求学生有更强的学习能力来应对高中的课程，但一部分学生还停留在初中较弱的能力水准上，学习方法、学习习惯、学习策略也都存在不少问题，从而造成学习方面的适应性困难。

其次，高中对学生学习的自主性要求更高。在初中的时候，很多学生没有养成自主学习的习惯，主要靠家长和教师的督促。到了高中，教师不再像初中教师一样频繁地督促学生，很多学生就无所适从，甚至是"无所事事"了。

再次，激烈的竞争造成部分学生自我效能感低下。进入高中，尤其是重点高中，竞争更为激烈和残酷，部分学生的自信心在多次失败以后被击得粉碎，自我效能感低下，对学习失去兴趣。

"面对现实"应该是处理适应不良问题的总原则。不管是哪个方面的适应不良，都需要学生勇敢地面对。要引导学生与现实环境保持良好的接触，而不是遇到问题就采取逃避的态度。一个心理健康的人未必能够解决他所碰到的一切问题，但他采取的方法总是积极的，适应的方式应该是比较成熟和健全的。在现实生活中，我们面对自己所处的环境，多数人都是抱着一个目标，并积极努力去实现那个目标。如果遇到困难或阻碍，他一定会想尽办法去克服。即使真的失败了，他也会做一些自我反思，改变原来过高的目标，设定一个与现实接近的新目标，再去做新的努力。这就叫作"积极适应"。但也有些人会采取一种"消极适应"的办法，他们会找出种种理由从现实中退却，表现出逃避性的行为。这实际上是一种自我防卫机制，可以理解，但不可过度使用，否则对学生人格的健全发展是很不利的。

"面质"，也称"对质"，又称为"对峙"或"对立"，是指班主任指出学生自身存在的情感、观念、行为上的矛盾，促使其面对或正视这些矛盾的一种语言表达方式。实施面质，并不在于向学生说明他说错什么话，做错什么事。也就是说，不是指出错误，而是反射矛盾。前者的重心落在纠正错误上，指示学生；后者的重心则落在讨论上，帮助学生。有些学生处于一种心理防御状态，不愿意承认自己的无能或失败，在谈及自己的问题时显得躲躲闪闪。面质的目的就在于协助学生认识自我，鼓励他们消除过度的心理防御机制，正视自己的问题，从而使问题得到妥善解决。

面质有利于学生认识自己对人、对事的理解和要求及其与现实间的差距，促使其自我思考，勇敢面对现实，从而做出行为或认知上的改变。有些学生在认知上存在误区，他们不愿承认现实，因此躲在自己的精神世界里，不愿承认自己的差距，这样做虽然可避免他们的自尊心受打击，但是从长远来看，有可能会给他们带来更大的伤害，因此，这个时候需要应用面质，使他们能够面对现实。

面质与我们生活中的"质问"是有区别的。这主要表现在：第一，面质必须以良好的师生关系为基础，以充分被学生接纳为前提。因为面质所涉及的问题对学生来说可能具有刺激性，或者有一定程度的威胁性，这就有可能伤害学生的自尊心，甚至导致危机的出现。有了良好的师生关系，学生在理智上就不会把面质理解成是平时有些老师对他的一种居高临下的质问了。

第二，面质要有事实根据，事件必须具体、明确。使用面质之前，教师必须仔细倾听学生的叙述，充分把握各种信息，明确学生的差异与矛盾之处，这样才能做到有的放矢。如果在事实不充分或者不明显时使用面质，就容易给对方造成"小题大做""故意找碴儿"的误解，进而影响效果。所以我们在使用面质时，必须具体明确地指出学生在语言与非语言信息以及前后看法上的差异或矛盾之处，否则学生就可能会认为是教师刁难他，进而产生抗拒或争辩。

第三，要用尝试、试探的态度和语气进行面质。用尝试、试探的态度进行面质，会给学生留有余地，使他在心理上容易接受，不至于产生逆反心理。比如教师说，"不知道我的感觉对不对，你好像把责任都推给了她，想想自己是不是在整个事件当中一点责任都没有呢？"以这种语气去面质，就比"我认为你在这个事件中也应负一定的责任"这种语气要委婉得多，因而学生更容易接受。还要注意一种情况，就是教师面质以后，学生可能会寻找种种借口进行搪塞或者拒不承认，这时候教师不应与学生争论，而应该倾听学生的叙述，寻找机会进行下一次面质。

面质不宜一步到位，而应循序渐进地进行。教师即使充分地发现学生心理上存在矛盾或误区之后，也不能一下子指出他的矛盾所在，否则会令学生措手不及，甚至会产生防御心理，矢口进行否认。如果循序渐进，如层层剥笋一样令学生逐步接受，最后的面质才会水到渠成。

班主任如何对待考试焦虑的学生

在焦虑的情况下，危险则是隐而不露和主观内在的。这就是说，焦虑的强度是与情境对人的意义成正比，至于他为什么如此焦虑的缘故，他本人却基本上是不知道的。

考试焦虑是困扰班主任和学科教师的一大难题，在学生中表现得相当普遍。有些学生平时学习很不错，我们作为班主任或者是任课教师对他们抱有很大的期望，但真到了考场上，他们往往过分紧张，临场发挥欠佳。

焦虑是指个体由于不能达到目标或不能克服障碍的威胁，致使自尊心与自信心受挫，或使失败感和内疚感增加，形成一种紧张不安，带有恐惧的情绪状态。焦虑可分为三类：第一，现实性或客观性焦虑，是由客观上对自尊心的威胁引起的。例如，学生面临升学、就业前的考试，即渴望获得成人或社会认可的地位所产生的焦虑。第二，神经过敏性焦虑，即不仅对特殊的事物或情境发生焦虑反应，而且对任何情况都可能发生焦虑反应。它是由心理因素，如社会因素诱发的忧心忡忡、挫折感、失败感和自尊心的严重损伤引起的。第三，道德性焦虑，由于个人行为违背社会道德标准，社会要求与自我表现发生冲突，进而由内疚感引发的情绪反应。

焦虑与学习的关系密切。高度焦虑只有同高度的能力相结合才能促进学习，高度焦虑与低能力或一般能力相结合则抑制学习。把焦虑控制在中等程度，才有利于一般能力水平者的学习。

比较严重的焦虑则称为焦虑性神经症，这是一种神经性障碍。其特征为发作性或持续性情绪焦虑、紧张，包括"惊恐性障碍"和"广泛性焦虑障碍"。其中"惊恐性障碍"的基本症状是惊恐反复发作，表现为突发的紧张性忧虑、害怕或恐惧，常伴有"即将大祸临头的感觉"。"广泛性焦虑障碍"则表现为持续的紧张不安，并转向慢性过程。

考试焦虑即由考试引起的焦虑，属于现实性或客观性焦虑。考试焦虑包含三种基本成分：第一，认知成分；第二，生理成分；第三，行为成分。考试焦虑实际上是由以上三种基本成分交织而成的一种复杂的情绪反应。

个体考试焦虑的出现有赖于考试的情境，这是引起考试焦虑的外部原因。同样的应试情境在不同人身上会有不同的情绪反应，这是由于个体之间的内在差异造成的。考试焦虑其实就是在一系列内外因素相互作用下形成的。也就是说，考试焦虑是在一定的应试情境激发下，受个体认识评价能力、人格倾向与其他身心因素所制约的，以担忧为基本特征，以防御或逃避为行为方式，通过不同程度的情绪性反应所表现出来的一种心理状态。

弗洛伊德认为，焦虑常常会无意识地受到过去经验的强化。如对考试过分害怕，以致看到监考老师就紧张不安，由此引发考试恐怖症。这种精神压力每遇到考试情境就会受到强化，于是就成为个案焦虑情绪反复出现的一个源头。

考试焦虑与学习成绩是呈现负关系的。一般说来，年龄越小，焦虑水平越高，其对认知学习的干扰就越大；随着年龄的增长，身心的成熟，这种干扰强度有逐渐下降的趋势。但在我们国家的文化背景下，年龄愈是增长，承受的学习和升学压力却愈大，特别是到了高中，尽管升学压力已经得到缓解，可是考上什么样的大学，特别是能否考上重点大学，这一压力却空前巨大。所以目前看来，高中生的考试焦虑是随年龄的增长而呈上升趋势的。

另一方面，学习材料越复杂，抽象程度越高，其受考试焦虑干扰的可能性就越大。还有，高智能者，考试焦虑较高时，倒不一定会给学习带来明显的消极影响。但智能较低或能力一般，而自我期望值却较高者，考试焦虑高就会抑制学习。但这个问题在不同性别之间存在一定差异，不同年龄水平之间情况也不尽相同。就多数人来说，面临重要的或关键性的考试总会产生一些心理压力，引起一定程度的考试焦虑，这是不可避免的，也无伤害，但严重的考试焦虑则对学生具有极大的危害，并会对人的身心健康造成潜在威胁。

有哪些办法可以帮助学生消除考试焦虑呢？

在处理考试焦虑问题时，可采取一些基本应对策略，比如说引导学生经常进行"自信训练"。自信训练主要是通过运用交互抑制原理，通过考试焦虑者自我表达正常的情感和自信，使那些消极的自我意识得到扭转，借此削弱或消除其考试焦虑的一种自我训练方法。它的操作步骤如下：

1. 学会觉察个人消极的自我意识（必须用书面语言清晰地表达出来，随时记下）。

2. 养成向消极的自我意识挑战的习惯（向消极的自我意识中不合理成分进行自我质辩，指出其不现实性和不必要性，阐明由此对个人所造成的危害，并明确今后应有的态度）。

3. 自我教导训练。这种训练包括：（1）自我观察。观察自己的学习与生活，找出不舒服的情境，说出或者写出与考试情境有关的负向的内在对话。（2）寻找积极的内在对话。引导学生寻找与原有非理性观念不相容的思考方式，并用新的内在对话来表达。（3）学习新的技能。让学生在现实情境中练习新的内在对话，并帮助学生掌握一些有效的应对技能，以便更好地适应考试情境。

还有一种"放松训练"也很有效。这是通过循序交替收缩或放松自己的骨骼肌群，细心体验个体肌肉的松弛程度，最终达到缓解个体紧张和焦虑状态的一种自我训练方式。具体的操作步骤是：（1）脚趾肌肉放松。（2）小腿肌肉放松。（3）大腿肌肉放松。（4）臀部肌肉放松。（5）腹部肌肉放松。（6）胸部肌肉放松。（7）背部肌肉放松。（8）臂部肌肉放松。（9）颈部肌肉放松。

再有一种应对考试焦虑比较常用的办法，叫作"系统脱敏"。系统脱敏是利用条件反射原理，在放松训练的基础上，循序渐进地使学生对考试的过敏性反应逐渐减弱，直至消除的一种行为治疗方法。

用系统脱敏克服考试焦虑的具体步骤是：

（1）搞清引起考试焦虑反应的具体刺激情境。

（2）将各种焦虑情境按程度轻重，由弱到强排成"焦虑等级"。

（3）按放松训练的方法，学会一种与焦虑反应相对立的松弛反应。

（4）将松弛反应逐步地、有系统地同焦虑反应予以匹配（按"焦虑等级"由弱到强的顺序），通过两种反应的对抗作用，最终使松弛反应彻底抑制焦虑反应，达到脱敏目的。

郑日昌教授等制定过一个对考试焦虑进行系统脱敏所用的假定等级程序，可供老师们参考：

1. 听说我不认识的某些人必须参加一次考试。

2. 有位熟人告诉我，他得参加一次正规考试。

3. 班主任宣布，三天内将进行一次小测验。

4. 班主任宣布，两周内将进行期中考试。

5. 我是在临考前的大约第 10 天，开始为应试而做准备的。

6. 现在距离考试还有一个星期，我复习得还很不够。

7. 明天就要考试了，今晚我觉得准备得还不充分。

8. 我走在去考试的路上。

9. 我看见其他应试者陆续来到。

10. 我看见一个人忧心忡忡，正在匆匆背诵。

11. 监考的教师到了，我等得发急，脑子也好像失去了知觉。

12. 我收到了考卷，开始做题之前，我把卷子仔细看了一遍。

13. 我中断考试，考虑自己怎样才能比其他人做得更好。

14. 我用余光看监考教师，他就在我附近走动。

15. 我被一道试题难住了。

16. 我看见有人在我之前答完题，交上了卷子。

17. 时间几乎快到了，我根本做不完了。

18. 考试后我在跟别人交谈，发现自己的某些答案同他们不一样。

根据上述焦虑等级，可以让学生依次进行考试情境的想象，体验自己紧张、焦虑的感受，然后进行自我放松，直至同样情境在想象中再次出现时已经不再感到紧张为止，即可进入下一等级的放松训练。经过一段时间的"自我想象——紧张——放松——再次自我想象——紧张——放松"的循环训练，便能逐步、有效地达到脱敏的目的。

还有一种"归因训练"也值得一提。在学习过程中，成功与失败的经历无法避免，也不宜避免。重要的是，学生对自己学业成败原因的解释，会影响其自信心、学习活动的坚持性以及对后续活动成功的期望，并进一步影响今后学习动机的强弱。所以教师可以经常引导学生在平时的测验或练习结束后，学会做一个自我分析，使学生学会一种正确的归因方式——强调失败是由于缺乏努力，而不是缺乏能力，这样便可以改变由于遭遇反复失败而产生的无助和焦虑感。

班主任如何对待学困生

1. 做到思想上不歧视，感情上不厌恶，态度上不粗暴。以自己的一片诚心，一番苦心，一颗爱心抚慰他们的心灵，唤起他们的自信，帮助他们进步。我班的叶晶晶同学，由于平时学习、行为习惯都比较差，受到同学们的冷落，甚至疏远。因此，她无心学习，整天闹事，经常与同学们发生矛盾，成绩越来越差。经过一段时间观察，我觉得她是比较聪明的，只是学习习惯和知识基础较差而已，只要改变不良的学习习惯，用心去学，相信她一定会学好的。于是，我经常找她谈心，并且表扬她的优点，利用课余时间辅导她的学习，经常打电话给她，跟她谈学习，谈将来，谈如何遵守纪律，如何与同学友好相处。同时，进行家访，得到家长的配合，共同教育她，特别是在班集体中，让全班同学接受她，学习她的闪光点。这样，她感到老师对自己的热心，父母对自己的期望，同学对自己的友好，慢慢地对学习有了信心。这时，我又发动同学们共同帮助她，特安排一名学习好的同学跟她同桌，经常性地帮助她。每当她有了点滴进步，我便及时在班上表扬、鼓励她。这样，她在学习上越来越用功，改变了过去那些坏的习惯。后来在期末测试中考出了比较好的成绩，语文、数学和英语的成绩都比上学期有了提高。经过一年的教育，她的成绩发生了翻天覆地的变化，他的父母不停地感激我。孩子的点滴进步让我明白了，只要付出，就会有收获的。我也由衷感到高兴。

2. 对待学生要多表扬、鼓励，少批评、贬抑。教师往往是学生心目中的"权威"，如果教师对学生的评价是积极肯定的，学生的自我意识、自我形象一般就要好一些，从而其取得成功的自信心也相对就要强一些。相反，如果所获得的评价多是消极否定的，教师要多表扬、鼓励，多肯定他们所取得的成绩。尤其要善于发现"差生"的"闪光点"，充分肯定其取得的点滴进步，以点燃心中的奋斗之火，使这些差生感到"我还行，我还有希望"。当然，有时对差生做适当的批评也是可以和必要的，但千万不要用贬低、否定的话语，更不可责骂差生是

"傻瓜""笨蛋""不可救药"，那么应该怎么说呢？我举个例子。差生彭亮竟在科学课时走出了教室，我便询问情况，他说被科学老师赶了出来。我说："彭亮同学，你有很多优点，你的劳动表现很好，刚开学时，教室里有不少石灰块等建筑垃圾，别人都不愿弄，你一个人运了二十几簸箕倒在垃圾箱，老师都记得。人也诚实，在洗厕所时你与别班同学发生冲突，回到班上你就勇敢地向我承认错误。这一次又主动承认是被赶出来的。但你也有很多的缺点，最大的缺点就是管不住自己……"在这个谈话里，首先要具体地肯定学生的优点，然后提出自己的希望。这样，至少学生听得进去。

3. 加强辅导，提高质量，严慈并进。首先严格要求学生，上课做到精力集中，这要求老师上课精力集中，密切注意这些学困生，不放过他们的一点小毛病，使之明白老师在关注他们，这是严。对待他们的作业，应宽以对待，学习好的学生作得好这是肯定的。学困生的作业，只要写上就好，老师应耐心批改。其次，加强个别辅导，除了挤时间进行个别辅导外，还有意识地培养班级小老师，使之成为左右手，让他们主动地与差生结成对子，利用中午休息时间，指导他们为差生辅导功课，督促学习。每天将差生集中在班级的一角，从学习习惯、基础知识抓起，耐心地进行集中辅导，在辅导过程中学会用欣赏的眼光去观察，及时地发现他们身上的闪光点，适时地进行表扬和鼓励，哪怕只是一点点的进步都不放过，就这样不断地给以学困生帮助，给予鼓励和表扬，使其树立"我能行"的思想。时间长了，他们不再把学习当成一种负担，而是当作一种乐趣，学习积极性上来了，学习成绩也有了不同程度的提高。

4. 降低要求，奖惩分明。对于学生来说，我允许学生犯错误，尤其是学习困难的学生，因为金无足赤，人无完人，更何况这些正在成长中的孩子呢！同时我们在教育过程中还应该承认学生之间的差异。所以我在学习和生活上对几个学困生降低要求。比如听写生字，我总是提前有意识地告诉那几个学困生，明天听写哪课的生字，今天晚上能自己复习吗？老师奖励你一枚学习星等。第二天听写后，他们肯定要好一些，这就刺激了他们的学习积极性，使他们能享受成功的喜悦。

惩罚学困生是必要的，但奖励更是不可缺的。在批改学困生的作业时，我非常珍惜他们每一点微小的进步，每次我除了会写上几句鼓励的话语外，还会毫不吝啬地写上一个大大的"优"字，使他们认为不可能的事变为现实。在每次检测之后，我不仅会给优生发上一枚学习星，也会毫不犹豫地为在考试中有进步的其他学生贴上一枚学习星。让他们时时刻刻感受到教师对他们的关注与关爱。并在体验一次又一次成功之时，激发其上进心。

班主任如何对待厌学的学生

谈到学习动机，凡是担任过中小学大班级教学的教师，都曾经历过，如以学习动机的强弱为标准，大致可以把学生分为两类。一类学生是对所有学习活动都有学习动机，另一类学生是只对某种（或某几种）学科有学习动机，其学习动机多半是在求学经验中因学业成败或师生关系的影响而逐渐养成的。

所谓乐学，就是对学习有情感，乐于学习。从学习心理的角度看，乐学是以学习情感为基础或手段的一种快乐与学习协调统一的学习过程或学习方式。快乐（愉快）是人类的原始情绪之一。快乐感可以说是与生俱来的，每一个人在本质上都应当是快乐的。正因为如此，人们的学习也应当是快乐的，快乐乃是乐学的机制。这也就是乐学产生与形成的依据。因此，学习者必须把快乐作为乐学的手段，即创造一种快乐和谐的学习气氛，以便通过它快乐地生活，快乐地学习，从而取得更大的学习效果。

学生厌学有其客观原因，如考试制度、教育观念、教育体制、教育内容、课程设置、教学目标、教学方法、教学评估等方面，还有家庭教育环境、社区教育环境、社会大环境及大众传媒等方面的消极影响。而其中最根本的原因，还是学生内在的心理因素起决定作用。

学生的厌学，关键在于"厌"字。"厌"是一种心理状态：厌烦、厌倦、讨厌。这种心理现象的产生往往是由其他心理因素造成的，这些因素主要有：

第一是缺乏学习动机。当学生对学习缺乏足够的认识，没有任何需求的时候，他们是不可能热爱学习的。部分学生对学习意义的认识是消极的，甚至是错误的，他们从家庭或者社会那里接受了某些错误思想，认为读书无大用，不读书照样可以做生意赚大钱。由于受这些消极的思想支配，这些学生学习缺乏动机，从而产生厌学心理。

有个学生的父亲是一家服装厂的老板，在外地还开了三家分厂。这个学生花钱如流水，身边围着一群追随者，他公开扬言："书读不好又怎样，我不是照样有钱花？"在沿海发达地区，这样的学生为数不少。

第二，就是多次失败体验造成的学习无能感。学生当中也有一部分人对学习意义的认识是客观的、正确的，他们也希望通过自己的努力来换取优异的成绩。但是，由于客观和主观条件的限制以及学习方法不当等原因，他们不断地努力换来的却是不满意的结果。经受多次打击以后，他们开始怀疑自己，否定自己，从而产生厌学心理。

第三，学生由于人际关系不和谐，形成一种逃避心理，也容易导致厌学。一些学生由于性格等方面的原因，人际关系比较差，使得同学们都不喜欢他，因此他感到在学校没意思，不愿意进学校和班级，不愿意学习，从而产生了厌学心理。人际关系不良还有一种可能，是和任课教师有矛盾冲突或者对其有意见，因此不愿意学习本学科，造成厌学心理。这一点很值得我们班主任和学科教师深思。不仅是师生关系不佳会导致学生厌学，教师的教学方法不当，讲课枯燥乏味，课堂气氛沉闷，同样会导致学生厌学。

厌学心理是学生中比较普遍的一种问题，那么，我们作为教师应该如何引导他们乐学、爱学呢？

第一，激发动机。学习动机是推动学生学习的内在动因，学生们是在各种各样的动机的驱使下产生学习行为的。没有动机或者负动机是不可能产生学习行为的。动机的激发，可采取内部动机开启与外部动机诱导相结合的方法，注意刺激学生的求知欲，强化知识与生活的联系，提高学生对知识价值的认识。动机的发展要靠学生的自我效能感、自我发展感、争取社会地位感来推动，要靠期望、竞争、评价来保证，其中远大的理想（包括人生观、价值观）则起决定作用。

第二，强化成功。成功可起到正强化作用，经常给学生呈现愉快的刺激，有助于推动学生积极主动地学习，防止无助感与失尊感的产生。

1. 创设成功机会，让不同的学生在不同的学习活动中获得表现的机会，以扬其所长，抑其所短，对于那些因学习成绩不佳而厌学的学生更应如此。

2. 降低学习目标，低起点、慢步子、分层次是使不同类型的学生获得成功的重要途径。目标稍低一些，学生易达到，就能察觉到自身的进步，体验到成功的喜悦。

3. 帮助学生确立自我参照标准，促使学生从自身变化中认同自己的成功。

4. 及时奖励。行为主义心理学家斯金纳认为奖励是愉快的刺激，它能增加个体积极反应发生的概率。对于学生来说，成功便是最好的奖励。而对于教师来说，学生的成功是结果，如果视而不见，那么很可能会熄灭他们的学习热情，所以对高中生也需要给予奖励，当然以精神鼓励为主。如此，能使学生心理获得积极的满足感与自豪感。

第三，引导学生学会正确归因。归因是学生对自己的学习结果做出解释或推测的过程，是一种比较稳定的人格定量，它可以对后继学习产生深刻的影响。正确的归因，有助于推动后继学习；错误的归因，则往往会抑制后继学习。我们应该引导学生将自己学习成败的原因归之于自身努力。成功了是努力到位，失败了是努力不够。不能归因于能力，否则，成功了可能助长骄傲情绪，失败了必定产生颓废心理，而后者极易导致厌学现象的发生。当学生认为自己天生愚笨时，很容易灰心丧气，泯灭信心，失去继续学习的勇气。

班主任如何面对学生的文理分科

文理分科是班主任老师经常要面临的问题，通常学校里的做法是让学生回家和父母商量，父母签下认可意见，最后再确定把学生分到文科班还是理科班。老师们虽然没有决定权，不能包办代替学生确定读文科还是读理科，但是老师们有义务帮助学生，提供一些有益的建议或者有效的信息。

现在中学里有这样一种状况比较多，就是有不少学生感觉自己理科学不下去，然后就去选择读文科，其实这些学生也必须在选择文科前仔细分析自己的状况再做决定。要看自己的理科到底是差在什么地方，如果是学习方法上的问题，那提高成绩是可能的；如果是自己思维方式上的问题，可能要较快地提高成绩会有一定的难度，那么可以根据自己能力上的长项去选择文科。所以，确定文理科的重要依据是学生学习的实际情况。同时，我们也应该看到文理科并不是绝对对立的，毕竟读文科也是要学数学的，况且还有化学、物理和生物的会考。总之，有一定的理科底子，再来读文科的话会更有好处，思维会更加开阔。

文理科的选择对学生未来的人生发展起着至关重要的作用。但是因为受社会文化与家庭因素等各方面的影响，许多学生（包括家长）在文理科的选择上要么比较随意，要么忽视自身发展的需要，容易走入选择的误区。

首先是"重理轻文"的误区。"学好数理化，走遍天下都不怕"曾经是校园内外非常流行的俗语。所以在选择文理科时，成绩优秀的学生很少会选择文科，只有理科成绩比如物理、化学成绩较差的学生才会无奈之下进入文科班。政治课、历史课被看作是放松课、休息课，遭受冷遇，真正喜欢文科的学生也比较少。这种社会文化和家庭影响限制了一些优秀的学生去报考文科。

其次是性别的误区。许多家庭在讨论孩子学文学理的问题时，由于受传统思想的影响，使女孩子盲从学文的很多，限制了女生向理工领域发展的机会。不少女孩子因此放弃了理科，而改选把握似乎更大的文科。其实女性所拥有的许多特质正是一个成功的科技人才不可或缺的条件，许多时候，女性在决策能力、组织能力、工作投入等方面均胜于男性。所以高中女生不可妄自菲薄，埋没了自己的才能。

还有一个问题就是在大家的印象当中，认为理科选择的机会更多一些，其实现在很多学校的很多专业已经文理兼报了，大学都在倡导大类招生，不用明确界限，所以在这个问题上不用过于担心。

许多家长和老师对文理志愿的选择还是非常重视，因为志愿的事毕竟关系着孩子的终身，但通常会出现两种状况：一种是担心孩子不懂事，觉得大人的考虑会更全面一些，所以很大程度上都是父母说了算；另一种是父母缺乏文化，不太能够理解文理分科这回事，往往就由孩子自己做主，而学生则是人云亦云随大溜。

通常我们也看到学生在文理分科中表现出三种类型：

1. 依赖型：依赖父母、朋友、老师，或遵从书本与社会舆论。

2. 直觉型：凭自己的直觉、一时的喜好做决定。

3. 理智型：综合考虑个人与职场等因素，分析利弊得失，做出相应的选择。

这三种类型基本上可以概括学生在进行文理科选择时的状况。三种类型各有利弊。依赖型最省时省力，但是将自己的命运托付给他人，终究是一件危险的事情；直觉型短期内会很满足，可是长期来看随机性太强，会存在较大风险；理智型考虑周全，但是会花费较多时间与精力。

学生没有根据自己意愿进行文理科选择的权利，在学习中就表现消极，所以父母的这种包办代替实际上对孩子的伤害很大。这也说明我们学校进行文理分科指导的必要性，可以避免学生盲目选择而出现问题。

需要引起注意的是，虽然要对学生进行文理分科的指导，但也要避免学生过早的文理偏科，因为高中阶段学习的各门功课都是基础知识。当今社会需要的是兼备人文素养和科学精神的综合人才，过早的偏科会给将来的深入学习和工作造成知识结构上的严重缺陷。目前的高考内容改革，也正在不断加强对各科知识综合运用能力的考查。

文理成绩不相上下、兴趣相当的学生和家长可以从实际出发，为今后的高考做一些通盘考虑。

还有一个科类优势与学生实际兴趣的矛盾。比如有的学生文科占优势，但兴趣却在理科，或者相反。对这种情况，教师、家长的指导应以兴趣为选择导向，毕竟有兴趣才会有学习动力，这也是文理科分班时应该重点参考的因素。

如果学生不知道自己的兴趣在哪里，老师可以建议学生做"学情分析"，从老师、同学的反馈信息中了解自己的实际情况，或提前了解院校专业的特点，以确定自己兴趣所在。另外一个有效的办法，就是开设以讨论文理分科为主题的辅导活动课，让学生畅所欲言，各种观点充分碰撞，既论证自己，也论证他人，达到集思广益、助人自助、理智决策的目的。从家庭的角度来讲，文理分科时，家长应让孩子做主，自己起引导作用，帮孩子收集资料、分析参谋。

从现行高考制度的情况来看，文理科选择是否合适可以说关系着一个人的前途与命运，所以无论学生选择哪一科都一定要注意适合自己。老师应提醒学生，在选择文理科时多向老师和已经毕业的同学请教，综合考虑，理性选择，为自己将来的人生道路奠定一个坚实而合适的基础。

班主任如何指导学生的升学与择业

职业选择的三大要素或条件：（1）应清楚地了解自己的态度、能力、兴趣、智谋、局限和其他特征；（2）应清楚地了解职业选择成功的条件、所需知识，在不同职业工作岗位上所占有的优势、不利和补偿、机会和前途；（3）上述两个条件的平衡。

在清楚认识、了解个人的主观条件和社会职业岗位需求条件基础上，将主客观条件与社会职业岗位（对自己有一定可能性的）相对照，相匹配，最后选择一个与个人匹配相当的职业。

如果你马上就要中学毕业了，最好开始思考一下这个问题，想一想自己长大以后想要干什么。并不是说一定要有一个很确切的答案，因为你最终的目标应该是为自己未来所从事的职业未雨绸缪，问题的关键就是要寻找属于你自己的声音，也就是说要找到你自己的最佳状态，你自己最想做的事情，你自己最擅长做的事情。

我最擅长什么——这是才能。

我最喜欢什么——这是激情。

我认为自己应该做什么——这是良知。

社会最需要什么以及我做什么能够得到最优厚的报酬——这是需要。

当你选择自己想上的大学、想从事的工作、希望攻读的专业等问题的时候，想一想这几个问题。最终，你一定能够拥有一个能够充分反映自己声音的职业。

很多学生在进入高三之后就会开始思考自己以后的发展方向了。有的人会有一个大致的方向，但是更多的人都比较迷茫，不知道自己能做什么。尤其在面临专业填报的时候，就有茫然的感觉，不知道该怎么办，所以就会有心理的冲突。有些学生也有自己的一个方向，但他不确定，同时又受到外界的影响和干扰，很矛盾也很犹豫。作为班主任，主要是帮助他们从这种矛盾心理中解脱出来，明确自己的专业选择。这个目标是通过分析他的矛盾冲突，进行专业心理测试以了解他的个性和职业倾向以及志愿填报的指导等等措施来实现的。

高中生在专业选择的时候，首先要了解自己的个性特长、兴趣爱好。然后了解专业的相关信息，所谓"知己知彼，百战不殆"。最后才是确定自己的目标。实际上这种专业选择的指导主要是帮助学生完成一个规划或者说是设计。而这种设计是基于对自我了解与对职业（专业）了解的基础之上的。高中生开始认识到特定职业与个人价值观有特定的联系，并且开始形成某些职业比其他职业更适合自己的价值观。

在高中生中开展职业辅导，就是要帮助学生做出合理而明智的选择，同时帮助他们为实现自己的理想而积极准备。

所以专业选择的问题实际上成为了人生规划的一个重要部分。指导老师的任务就是协助来访者完成这样一个规划。比如了解自己的个性倾向、能力特长和专业爱好，在这个基础上确定自己报考的专业方向，这也是学校生涯辅导所应当做的。

所谓生涯辅导，是为学生未来的生活做准备的教育活动，旨在帮助学生在了解自己的能力、特长、兴趣和社会就业条件的基础上，确立自己的职业志向，进行职业的选择和准备，为今后顺利地踏上社会打下良好的基础。

人的个性特征与专业选择关系密切。比如，心理学研究表明，外向型的人一般适合与人打交道的工作，如教师、律师、导游、记者、演员、社会工作者等；内向型的人往往适合从事与物打交道的工作，如计算机编程、机械设计、会计、科研工作等。

很多职业要求具有鲜明的个性特征，比如律师、教师，还有医生、作家、工程师等等。这些职业对于个体来说就有不同的个性气质的要求。有的要求比较有独立性，有的要求有创新性，有的要求有协作性，诸如此类。考生和家长在报考志愿时一定要考虑这些因素。

但在高考报考志愿和专业选择中将性格因素作为一个考虑的方面，并不是说就可以根据性格测量的结果，来决定自己将来选择什么专业。性格的测量与诊断只是为学生提供了一个了解自己个性特点的专业化的咨询建议，学生和家长在选择专业时，可以将性格的测量结果作为报考专业的一个参考指标之一。同时，还要充分地考虑到学生其他方面的特点（如兴趣、动机、能力，以及在日常生活和学习中表现出来的其他方面的心理和行为特点），并用动态发展的观点看待学生的性格特点，因为一个人性格的形成和发展是受环境、教育、社会等诸多方面因素影响的。一个人的性格特点也不是不可以改变的，环境、教育和社会可以改变一个人的性格特点的某些成分，塑造一个人的性格。因此，在高考专业选择和职业选择中，性格因素是一个重要的参考指标，但并非是决定性的因素。

在专业的选择上，兴趣也是很重要的因素。兴趣是指一个人力求认识、掌握某种事物并经常参与该种活动的心理倾向及相应的能力。兴趣是人行为的强大动力，对一件事兴趣盎然，就会乐此不疲、创新不断，这对于学习、择业，乃至事业发展是极为有利的。同时，兴趣是可以培养、激活的，当然更需要正确引导。最重要的是学校要尽可能多开一些选修课，多组织一些学生社团和社会实践活动，让学生广泛接触各行各业、各种专业技能、各项研究领域、各种科研成果，了解社会的多方面需要，这才有可能培养他们广泛的兴趣，并为确立自己的理想、前途、志愿勾画出最初的轮廓。

应该告诉学生首先对专业要有足够的了解，要掌握相关政策和信息。对于报考专业的具体情况，包括报考条件、体检规定、政策加分、就业状况等可能对录取产生的影响，要尽可能多地了解，这些都应作为填报志愿的重要参照。

很多家长最容易犯的错误就是替孩子出主意，其实，家长不能"越俎代庖"。因为家长喜欢的专业不一定孩子也喜欢，也不一定非要"子承父业"。家长的期望值一定要适度。有的家长期望值太高，结果搞得孩子压力太大，也不容易找到合适的专业。

家长要注意避免受不良心理的影响，比如侥幸、冒险、固执的心理，过高估计自己孩子的实力，眼睛只盯着最好的院校或专业，往往给孩子造成不必要的心理负担；再如求稳、保守、犹豫的心理，过低估计自己孩子的实力，缺乏自信，过于求稳，也容易错失良机。正确的选择是报考那些经过努力可以实现、又能保底的专业，因为来日方长，将来肯定会有更多的机遇去把握。

　　还有的家长总是来问冷门、热门专业，患得患失的心理非常严重。其实家长和老师都应该合理认识冷门或热门专业的风险。所谓的冷门、热门专业只是相对而言，入学时的冷门、热门并不代表毕业时的冷门、热门，更何况大学本科教育现在是复合式、通才式的教育。根据考生的实力，不必刻意"追热避冷"，其实"冷""热"专业可以兼报。最后要特别提醒一句：报考志愿一定要注意梯度合理、适当，不要大起大落。

三、心理篇

班主任如何对待自卑的学生

每个人或多或少都有一些自卑感，因此，与其预防所有产生自卑感的可能性，不如了解自己是属于哪一种情况。人的问题不可能完全被解决，只能尽力去了解它，然后和它一起生存、发展。

自卑是高中生当中常见的一种心理问题，但导致自卑的原因却是多种多样的，所以教师应该全面了解学生的情况，才能对症下药。

产生自卑感的原因与个人的受挫经历和本人的性格气质有一定的关系，但最根本的是由于个体对所遇到的各种挫折或自己的缺陷不足的评价和认识。所以，在改变这种评价和态度时，帮助学生获取成功体验就显得很重要。由于局部的成功，学生会对自己的能力进行重新的评估，并且可以获得一定程度的满足。

消极的自我认知和评价很难仅仅通过教师和学生之间的语言沟通得以改变，我比较认同依靠学生获得成功的体验来逐步改善或者重新建立对自己的积极、正面的认识和评价，这样才能有效地帮助学生达到消除自卑感的目的。

自卑的确是由自我评价偏低所带来的。心理学上所指的自卑是个体在同他人进行比较后，感到自我适应性差，某方面或几方面不如他人，因而表现出无能、软弱、沮丧、精神不振时的心理不平衡状态。有自卑感的人对自己的能力、性格及行为等感到不满意，对自我存在的价值感到困惑，对自己想做的事情缺乏信心，对因应付环境而提出的要求比较悲观，容易否定自己。有些严重自卑的学生甚至会脱离现实，造成社会适应困难，阻碍人格的健康发展。所以，那些自卑的学生日常表现都不是很积极，并且人际关系也不是很好，比较孤独。

高中阶段最容易引起自卑感的是学习的挫折。自卑的高中生往往会有一些异常的心理及行为表现，比如：

1. 自我态度消极。过低地评价自己，对自己过分自贬自责或对自己非常不满意，并且怀疑自己的能力。

2. 情绪状态不佳。自卑作为一种消极的情绪体验，常表现为畏惧、忧虑、担心、多疑、不安。

3. 行为方式异常。严重自卑的学生多会低头弯腰，委靡不振，缺乏活力，容易疲惫不堪。在众人面前，他们往往矜持、淡漠，一般说话声音很小或干脆不声不响，并且害怕接触别人的目光。上课时，他们根本就不敢举手发言，尽管也理解了老师的问题，但还是会把头埋得很低。他们总喜欢坐在不显眼的地方，如靠近墙壁、角落等较隐蔽之处。此外，由于缺乏信心，他们做事情总是缺乏勇气，犹豫不决，甚至逃避、退缩。

4. 人际关系受阻。因为自我评价过低，自卑的学生对人际关系表现十分敏感，害怕被人看不起，不与人打交道或者极少与人打交道，比较排斥集体活动。

下面提供一个自卑的自我测验，老师们可以把它作为一个参考依据。

请根据你的实际情况，对下列题目做出"是"或"否"的回答。

①你觉得自己经常会遇到麻烦；②你觉得在众人面前讲话是很困难的；③如果可能，你将会改变你自己的许多事情；④你很难做出决定；⑤你没有许多开心的事情可做；⑥你常常感到心烦；⑦你对新鲜

事物的适应很慢；⑧你与你的同学相处得不好；⑨你的家人通常不关心你的感情；⑩你常常会做出让步；⑪你的父母对你期望太多；⑫你是个很麻烦的人；⑬你的生活一团糟；⑭别人通常不听你的意见；⑮你对自己的评价不高；⑯你多次有离家出走的念头；⑰你常常觉得学习很烦，没有意思；⑱你认为自己不如大部分人长得漂亮；⑲你常常在众人面前欲言又止；⑳你觉得家人不理解你；㉑你不像大部分人那样讨人喜欢；㉒你常常觉得你家里的人好像是在督促你；㉓你常常对你所做的事情感到失望；㉔你常常希望你是另外一个人；㉕你是不能被人依靠的。计算自己的总分。

评分规则为：每题回答"是"记 0 分，回答"否"记 1 分。各题得分相加，然后乘上 4 即为总分。

50 分以下：说明你很自卑。

50～70 分：说明你自信程度较低，有些自卑。

70～80 分：说明你自信程度正常，无自卑。

80 分以上：说明你自信程度较高或过于自信。

高中生的自卑是如何产生的呢？有的因为生理缺陷而自卑，有的因为记忆力差、思维迟钝、学习成绩不好而自卑，有的因为性格内向、不善交际、一无所长而自卑，有的因为家庭环境、社会地位低下而自卑。但不管是哪方面因素导致的自卑，其根本内因都是相同的，即看不起自己，自我评价过低，因而对外界的评价敏感，缺乏自信。

应该说，自卑是人类最大的心理障碍之一，对学生的学习、生活和人际关系影响都比较大。教师遇到自卑的学生，在了解学生自卑心理产生的原因之后，要帮助学生通过心理调节来战胜自卑，完善自我。

1. 积极的自我暗示，让学生对自己进行正面的肯定。班主任老师可以帮助学生一起来制定积极的自我暗示语，比如"我每天都在进步"

"我做得不错""我能行""我可以"等等。

2. 帮助学生积累成功经验。一个人经验越多，他的期望也就越高，自信心也就越强。教师在日常的课堂教学和班级管理工作中，要了解学生的心理，给自卑感比较强的同学创设一些难度较小的成功机会，如较简单的课堂提问或适合学生个体成功的体育竞赛项目等。一旦学生取得成功，教师和家长就要及时表扬和肯定。通过多次成功经验的积累，可以使其自信心得以增强和升华，从而激发进取精神，消除自卑感。

3. 建立平等的师生关系也很重要。因为平等的师生关系，有利于提高学生的学习效率，能增大学生成功的概率，从而增加自信心，克服自卑感。要提高学生的自信心，教师本身要对学生的前途充满信心。如果我们每一位老师都有认真负责的工作态度、积极乐观的精神状态，能够准确无误地传授知识，这样，学生不论在什么情况下，只要跟教师接触时就都能保持愉快的情绪，那么他们也能感到充满信心。

4. 帮助学生以平常心来面对失败和挫折，让学生认识到人生当中失败和挫折都是必然会发生的事情，在感情上接受学习、生活以及人际关系上所受到的挫败。另外，要让学生对自己的能力和优势形成良好的认识，鼓励他们在此基础上挖掘和发展自己的特长，以弥补自身的不足，这样也有利于增强学生的自信心。

班主任如何对待自负的学生

一个人对自己的认识的确是通过别人对自己言行、态度的评价来实现的。不过，我们又都不是简单地通过他人的评价、态度来形成自我意识的。一般来说，在接受他人的评价意见之前，个体总是要先分析评价者和评价者所作的评价及其所表现出来的态度，然后才会有选择地接受，并形成关于自我的概念。但是，由于高中生心理发展并不完全成熟，这种"观点采摘能力"还比较低，所以，有时候别人的评价和态度也容易左右被评价者对自己的看法，这方面也有待于老师引导。

自负主要表现为以下三种情况：

1. 很少关心别人，与他人关系冷漠。凡事都从自己的角度出发，从不顾及别人的感受；对人缺乏热情，把别人对自己的帮助看作是理所当然的事情。

2. 固执。常常以自我为中心，习惯于将自己的观点强加于人。

3. 表现出明显的嫉妒心理。自负的学生同时又有很强的自尊心，他们不能接受别人比自己出色；又对别人取得好的成绩或获得成功非常嫉妒，对别人的失败则表现出幸灾乐祸。

在班级管理中常常会碰到这样的学生，让人感觉既自负又自私，根本不把别人放在眼里，事事又只考虑自己，很难与同学相处，也很不利于班主任的管理。特别是现在的学生基本上都是独生子女，家庭条件也是越来越好，在家里是宝贝，在学校里一点委屈都受不了。我看这恐怕是自负心理形成的重要原因。

那么从心理学上讲，高中生的自负心理除了家庭因素之外，还有哪些基本原因呢？

首先是学生自我认识上的原因。从这个角度来说，自卑的人一般都是夸大了自己的缺点，而缩小了自己的优点；而自负的人则正好相反，他们是缩小了自己的缺点，夸大了自己的优点。所以我们说，和自卑的人一样，自负的人也缺乏对自我的正确认识。

其次是情感上的原因。有的学生自尊心特别强，在与同伴交往遇到挫折的时候，容易产生两种自我保护心理：一种是自卑心理，把自己和周围人隔绝开来，避免自己的自尊心进一步受到伤害；另一种就是自负心理。例如，有的同学家里经济条件不好，却又怕被那些条件比较好的同学看不起，于是装出清高的样子，在表面上摆出看不起这些同学的样子。这种自负心理产生的原因就是自尊心过强，过分敏感。

有的人说，极度的自信就是自负。还有的人说，自负也是自卑的一种表现。我们不能把自信、自负、自卑做简单的对比，而且要澄清的是，自信并不是自负与自卑的平均值。自信是建立在对自己的正确认识和合理定位上，而自负和自卑则正好相反，都是源于对自己的错误的定位与认知。

也可以这样说，自信的人有这样的特点：他们在自己眼中的形象与他们在别人眼中的形象是非常接近的，不会出现自我做了肯定却不被他人认可的情况；他们总是善于虚心地理解和接受别人的想法，并善于根据他人的反馈来改进和提高自己。而自卑者和自负者恰好相反，他们对自己的评价与别人对他们的评价总是有很大的差距，他们对自己的评价是失真的。在现代社会里，每个人都生活在他人的眼睛里，每个人都会在他人的记忆中留下或清晰或模糊的影像，这些影像的总和代表一个人真实的"我"。

对于自负的学生，老师一般要采取什么样的对策呢？

要让学生学会能够听得进批评，善于接受他人的批评是根治自负的最佳办法。自负者的致命弱点是不愿意改变自己的态度或接受别人的观点，而听取他人批评即是针对这一特点提出的矫正方法。它并不是让自负者完全屈从于他人，而只是要求他们在批评面前能够坐得住，听得进，并接受别人的正确观点，改变自己过去固执己见、唯我独尊的形象。

所谓的批评并不一定就是要让自负的学生服从老师，也并不一定要他完全认错，而是要让学生养成一种"兼听"的意识。以前我总有一种错误的做法，就是碰到自负的学生，我很容易被激怒，就想跟学生硬碰硬，严厉批评他的不当之处，直到把他驳得无话可说为止，以为这样就可以达到目的了，结果往往事与愿违。

另一方面，还要让学生学会与人平等相处。自负者往往以自我为中心，无论在观念上还是行动上都无理地要求别人服从自己。而平等相处就是要求自负者以一个普通班级成员的身份与别人平等交往。此外还要帮助学生提高自我认识。要全面地认识自我，既要看到自己的优点和长处，又要看到自己的缺点和不足，不可一叶障目，不见泰山。认识自我不能孤立地去评价，应该放在集体中去考察，放在他人眼中去考察。每个人生活在世上都有自己的独到之处，都有他人所不及的地方，同时又都有不如人的地方；与人比较不能总拿自己的长处去比别人的不足，把别人看得一无是处。要引导学生懂得以发展的眼光看待自我，既要看到自己的过去，又要看到自己的现在和将来；辉煌的过去可能标志着你过去是个英雄，但它并不代表着现在，更不预示着将来。

班主任如何对待自我迷失的学生

所谓自我意识，简单一点的理解就是自己对自己的认识，包括认识自己的生理状况（如身高、体重、形态等）、心理特征（如兴趣爱好、能力、性格、气质等）以及自己与他人的关系（如自己与周围人们相处的关系、自己在集体中的位置与作用等）。自我意识表现为自我概念、自我评价和自我理想的辩证统一。所谓自我意识的混乱，是指个体无法形成正确的自我概念和适宜的自我态度，以致不能达到自我同一性的确立，因而不能获得安定、平衡的心理状态。

高中生自我意识的确立，是在自我明显分化的基础上完成的。在这一阶段，出现了两个"我"，一个是作为被观察者的"我"，另一个则是作为观察者的"我"，这也就是"主体我"与"客体我"的分化。这种分化意味着高中生自我矛盾冲突的加剧，而"主体我"与"客体我"的矛盾一旦激化，将使当事人难以确立自我形象，也就无法形成正确的自我概念，从而引起情感急剧波动，导致当事人可能一时难以自我接纳。高中生许多心理上的不适应基本上都是由此而来的。

高中阶段是自我意识飞速发展的时期，具有与其他年龄所不同的特点，主要有六点：

第一，自我意识中独立意向的发展。高中生已能完全意识到自己是一个独立的个体，因此要求独立的愿望日趋强烈。但是，这种独立性要求是建立在与成人和睦相处基础上的，与初中时期的反抗性特点有所区别。多数高中生基本上能与其父母或其他成人保持一种肯定的尊重的关系，反抗性成分逐渐减少，但仍有反抗性。

第二，自我意识成分的分化。高中生在心理上把自我分成了"理想的自我"和"现实的自我"两个部分。正是由于这种分化，才形成了他们思维或行为上的主体性，产生了按照自己的想法去判断和控制自己言行的要求和体验，同时也出现了自我矛盾。

第三，强烈地关心自己的个性成长。高中生十分关心自己个性特点方面的优缺点，在对人对己评价时，也将个性是否完善放在首要位置。

第四，自我评价的成熟。高中生能独立地评价自己的内心品质、行为的动机及效果的一致性情况等，其自我评价在一定程度上达到了主客观的辩证统一。

第五，有较强的自尊心。高中生在其言行受到肯定和赞赏时，会产生强烈的满足感；反之，易产生强烈的挫折感。

第六，道德意识的高度发展。不少高中生的道德意识已经开始进入内化的水平了。

自我意识混乱的人的心理体验常伴随较多的自卑感、盲目性、自信心丧失和情绪消沉、意志薄弱、孤僻、抑郁等现象。主要的原因还是因为不恰当的自我评价容易与现实产生碰撞，从而造成内心激烈的矛盾冲突。就是说，形成正确的自我意识的前提就是有恰当的自我评价。

自我评价是与个体认识能力发展相关的一种自我意识的表现，是一种包含社会行为准则的知识和主观经验的复杂的心理行为。具体指个体对自身的思想、能力、水平等方面所做的评价，它是自我调节机制的主要成分。自我评价的能力，只有在青年初期——高中阶段才开始成熟。虽然个体在童年时就开始产生了一些简单的自我评价，但那时的自我评价多是由别人的态度和反应折射到自身而产生的，缺少其内在性。到了高中阶段，由于抽象逻辑思维的进一步发展，知识经验的日益丰富，高中生逐渐学会了较为全面、客观、辩证地看待自己和分析自己，自我评价的能力才变得全面、主动，而且日趋深刻。比如他们能经常对自己的整个心理面貌进行估量，从而认识到自己较稳定的个性心理品质。这样一种以认知发展水平为前提的自我评价意识和能力，当然是逐渐走向理性化的。

如何来帮助学生建立起正确的自我意识呢？

首先，老师们要引导学生学会自我剖析，学会全面正确地评价自我。自我评价对人的个性发展具有重要影响，它对人的各种活动和行为起着调节作用。正确的自我评价也是人们健康心理的重要组成部分，是人们自我认识与自我态度的统一。

老师可以通过活动、榜样、举例等多种手段，帮助学生正确分析自我，对成功与失败做出正确的归因，合理地把这些原因归于内部或者外部的、稳定或者不稳定的、可控或者不可控的因素等，纠正自我知觉的归因偏向，防止不健康心理的形成。

其次，在自我意识的建立过程中，与自我评价相结合的还有积极采用"同伴评价"，可以帮助学生从他人态度中认识自己。学生会在与他人的交往过程中，一方面看到他人的一些特点，然后将这些特点迁移到自己身上，从而认识了自身与他人的一些共同的东西；另一方面通过他人对自己的态度和评价认识自己，并改进自己的不足之处。

还有学校、家庭对学生是否能够进行正确评价，来自教师和家长的正确评价特别有利于学生健康自我意识的形成。所以，无论是学校也好，家庭也好，评价高中生应该力求实事求是、中肯、客观，这样才有助于学生自我完善、积极向上。

最后，还要创设多方面活动的机会，让学生能够借助活动认识自己。因为在活动当中，人能展示自己各方面的能力。通过分析自己的活动情况，就可以对自己有更多的了解。要正确地认识和评价自己，必须从多角度、多层次来了解自己，人对自己活动结果的分析，也是其自我意识确立的一个基本途径。

正确的自我意识建立的一个比较重要的途径，是能够理性地认识自己的不足。每个人都有优点和缺点，长处和不足。一个人既不能夸大自己的长处，也不能把注意力仅局限在自己的不足上，特别是不能产生"概括性挫折"这类不健康心理。比如，有的学生由于自己某方面的能力不强，而扩散性地认为自己各方面的能力都很差，出现以偏概全的"概括性挫折"。在这种心理基础上，学生很容易产生自卑感，对自己持全面否定的态度。于是其精神活动会受到严重的束缚，会变得不肯接受现实，甚至表现出自暴自弃的行为。

班主任如何应对压力状态下的学生情绪

现在的高中生确实面临着各方面的压力，包括来自家庭的、学校的和自己的，而他们本身又缺乏自我减压的能力，一部分学生便会因此而产生情绪障碍。

1. 高中生的心理压力是怎么形成的？高中生的压力来源主要体现在哪几个方面？

心理压力的形成既有外因，也有内因。外因如社会竞争氛围的影响，父母、老师对升学的期望，学习成绩的压力以及同学之间的攀比等，这些都足以对青少年学生产生一定的影响，形成相应的心理压力。内因主要是自身心理发展水平与外界的实际要求之间的矛盾，如急于做好某件事，以显示其已成人，但结果事与愿违，带来很大的心理压力。

另外还有由心理的不成熟带来种种的心理波动，形成心理压力。例如在处理事情上感情用事，易冲动，失败后又经受不起挫折等。学生自己的不合理认知也是形成压力的一个重要原因，有的学生总是以负面的态度来看待事物，也容易无形当中给自己造成很大的压力。

笼统地说，学生的压力主要来自于学习、人际关系以及自身环境三个方面。北京大学的王极盛教授通过调查得出的结论认为，心理压力，尤其是学习方面的压力是学生面临的最主要的心理问题，而学习压力则主要来源于频繁的考试、学习效率和排名次。由人际关系造成学生压力的有两个因素，一个是亲子关系，另一个则是同伴关系。家庭里的亲子关系紧张，学校里同学、朋友关系不和谐，对学生都会形成压力。

另外，不良的家庭环境、父母的教育方式失当、学校的规章制度等等也都会给学生带来压力。

适当的压力并没有坏处，但是压力过大，超过了一个学生的承受能力，那么对人的学习、生活的负面影响就显现出来了。比如在情绪上会表现出焦虑、烦躁、郁闷、愤怒、沮丧等等，而学生的一些问题行为如逃学、校园暴力、迷恋网络、自我伤害，甚至于自杀行为，其实也都是在这种超负荷压力之下所产生的后果。

要强调的是，压力的负面影响因人而异。同样的压力源在不同的人身上所产生的感受是不同的。这里有三个因素是值得注意的：一是压力源的性质，新的压力源通常比经历过的压力源会产生更大的冲击力；二是压力对个人的意义，高考的压力总比会考的压力要大；三是当事人的人格特性，坚强的、耐挫力高的学生在压力之下总比性格脆弱者、悲观主义者更容易维持身心的平衡。

2. 老师采取什么样的方式来帮助有家庭压力的学生？

首先，老师对学生要有及时的关注，能够发现学生的问题是否来自家庭；其次，与家长要有良好的沟通，在分析学生情况的基础上与家庭形成教育的合力；最后才是采取一些有针对性的措施，比如教给学生一些缓解情绪的方法（具体的方法我们在下面会谈到），以及促进学生与父母之间的沟通交流等等。

一般说来，当家庭给孩子造成较大压力时，强势的一方往往是父母，而孩子既是弱势的一方，又是压力的承受方。所以，解决问题的关键在于调整家长对孩子过高的期望值和不切实际的学习指标。老师要充分了解学生的心声和实际的困难，以帮助家长从盲目和一厢情愿的主观愿望中摆脱出来，面对孩子的现实状况。

3. 老师如何帮助学生处理压力问题呢？

首先，要帮助学生认清自身压力的来源和压力所产生的影响。学生的压力究竟是来源于学习问题，还是来源于人际关系，或者是来源于本身的不合理认知等等，老师首先应该帮助学生理清问题的头绪。

其次，要掌握一些释放压力的方法。压力释放是一种必要的行为。

学会有效的压力释放是掌握身心健康技巧的标志。压力释放有很多方法，比如深呼吸法、倾诉法、睡眠法、音乐放松法、旅游法、改善饮食法、大喊大叫法、有限破坏法、适当哭泣法、写日记法、注意转移法等。所有这些方法有一个必要的前提，就是应该在不伤害自己和他人身心的前提下实施。通过这些方式与途径，可以让压力得到一定程度的释放，消极情绪得到缓解。

有一个小小的压力自我测验，可供老师们参考使用：

（1）经常显得不耐烦、暴躁、易怒。

（2）睡眠的质量较差，经常失眠。

（3）食量突然大增或食欲不振。

（4）经常感到不舒服，容易生病。

（5）总是焦虑不安，总感到紧张，总担心会有不好的事情发生。

（6）总感到肌肉紧张，经常腰酸背痛。

（7）情绪容易沮丧低落，时常感到空虚。

（8）已经有三个多月不曾参加自己喜爱的休闲活动。

（9）很容易和同学、家人等发生冲突。

（10）说话冷言冷语，对自己、他人的评价以及对事情的描述都倾向于消极。

在上述题目中，如果你的答案有 6 个以上为"是"，那么你的压力很可能已经"超标"了。

要引导学生提高处理问题的能力和效率，减少压力的累积度。比如说，作业量大是学生感受压力最真切的一件事，在同时面对多科作业的时候，要列出先后次序，分清轻重缓急，尽快加以完成。能去掉一个压力源，就会减少一分压力感。如果一拖再拖，压力就会变得越来越大，而这恰恰是高中生很容易犯的一种错误。

班主任如何应对学生的应激情绪

情绪应激给予我们以超乎常人的能力，然而我们付出的代价是昂贵的。每一次情绪应激，尤其是激烈的、长时期的情绪应激状态之后，我们便向疾病和老化走近了一步，应激提前支取了我们的生命。

生活当中遇到重大变故，对人的心理的确造成很大的影响，一般人好像并不会遇到这样的事情。但这种事件同样可以看作是心理的"应激源"。"应激源"主要是人们在日常生活中经历的各种生活事件、突然的创伤性体验、慢性紧张（学习或工作压力、家庭关系紧张）等。作为"应激源"来说，并不一定非得要事件很大才会造成严重后果，有时候，事件本身很微小，但是因为处理不当，也会给人造成一定的影响。有一个很恰当的描述就是"一朝被蛇咬，十年怕井绳"。

"应激"是指在意外的紧急情况下所引起的情绪紧张状态，即由情绪所造成的机体应激反应过程。但从广义的范围来讲，凡是精神刺激导致机体出现功能障碍，或者促成和加重某种疾病的过程都叫"应激"或"情绪应激"，引发"应激"过程的事件就叫"应激源"。学生生活中的应激事件主要是和学习、伙伴交往有关，主要有学习负担过重、考试或者升学失败、人际关系冲突、被成人粗暴对待等等。具体来说，考试失败、成绩不理想、被人误会、受到老师批评、与同学关系不融洽、调座位不如意、与好友发生纠纷、受到纪律处分、青春期的失恋等等，都可能导致应激状态的出现。

从心理学上来讲，由应激事件进而会形成情境性习惯反应的心理模式：外界刺激——内心体验——请示强化——习惯反应。其形成过程通常具备以下几个条件：首次遭遇此类应激事件，没有心理准备或存在片面认知；伴随强烈的负面情绪和生理体验；消极暗示，快速盲目归因；通过自我心理泛化、强化与放大，形成情境性习惯反应。

当个体处于应激状态时，会产生一系列的身心变化。当然这些变化是暂时的，当应激因素消失后，身心会恢复正常。但如果应激状态长期存在，或强度过大，对个体的影响就会比较大。这类影响主要包括三个方面：

1. 身体方面。应激对身体方面的影响可能有：心跳加速、心悸、磨牙、食欲障碍、消化不良、嗜睡、失眠、肌肉痛、无明显原因的体痛、腹泻、恶心、头痛、倦怠等等。

2. 情绪方面。应激的情绪反应主要有：恐惧、焦虑、敏感、烦躁不安、易激怒、抑郁、悲观、失望、敌意、生气等等。

3. 行为方面。表现为：旷课、注意力不集中、不合群、好哭、冲动等等。

通过上面的讨论，我们对应激应该有一定的了解了。其实从另一个方面来说，应激对个体的影响并不完全是负面的。对于我们不同的个体来说，生活中都需要有应激的成分，这才能够避免生活的枯燥与单调。适度的应激对大多数人都有积极的作用，即对个体的成长与发展有促进作用，它能够帮助我们获取自我调整与提高的能力，同时培养我们对挫折的耐受力，丰富我们的生活经验。

但是如果应激强度过大，心智尚未发育成熟的中学生就会无力应对。学校教育一方面要从外部减轻学生的心理负担，另一方面则是要培养学生自身应付压力与挫折的能力，为身心健康和将来适应社会创造条件。

对学生出现过度的应激状态干预的主要措施包括：

1. 创造良好的社会外部环境，减少学生外部压力，保护学生的心理环境。学校要实施素质教育，改善育人环境，注意学生的全面发展；教师要改变教学方法，避免对学生自尊心的伤害；家庭要努力维护家庭结构的稳定，有良好的亲子关系与和谐的代际沟通；社会要提供为青少年服务的硬件和软件，保护未成年人的身心健康。

2. 让学生理解生活中的应激源，保持良好的心态。老师要帮助学生分析可能或者已经遇到的应激源，使学生能够理性地面对这些应激事件，面对生活中的压力。

3. 采取一定的应激策略。应激事件是无法避免的，最好的方式就是能够直接面对，但这种面对也有其相应的策略与程序。面对应激事件，基本的应对程序应该包括：（1）明确问题；（2）制定与衡量行动方案；（3）实施行动方案。

此外，还可以训练学生控制和缓解应激反应，方法包括以下几种：

（1）适度的情绪宣泄。

（2）暂时转移注意力。

（3）学会放松，进行放松练习。

（4）积极开展体育锻炼。

（5）利用心理的自我防御机制。

以上是在学校常态情况下，学生因不同的境遇、不同的应激源而出现的一些应激状态及对学生的干预措施。对于在比较特殊的危机事件后出现的应激反应，则应调动各种可能的内外资源，尽快消除由于危机事件而造成的学生的失常心态和失常行为，从而使现有的心理危机得以解决，使危机事件对人造成的伤害最小化。

四、行为篇

班主任如何指导学生处理好同伴关系

以自我为中心的人总是将精力过分集中在自己身上，过分关注自己的问题，很少主动关心别人和社会，他们没有耐心倾听别人的诉说，总爱喋喋不休地讲述自己的感受，从不想别人此时的心情或别人是否需要帮助。

自我中心是人的一种个性特点。自我中心者为人处世以自己的需要和兴趣为中心，只关心自己的利益得失，而不考虑别人的兴趣或利益；完全从自己的角度出发，以自己的经验去认识和解决问题，认为自己的认识和态度就是他人的认识和态度，而且固执己见，不容易改变自己的态度和观点。

这种个性特点的形成，并不是一朝一夕的事情，必有其深刻的原因，特别是可能和小时候的成长经历、家庭教养方式以及所处的生活环境等因素有关。比如一个人从小就处于家庭中心地位，几代长辈、亲友给予过多宠爱，在这种环境中长大的孩子养成受众人关注的习惯，他们长大后就很难站在别人的角度去考虑问题，仍然习惯把同学、朋友当成自己支配的对象或无意识地依赖他们。于是，他们在人际交往中就会表现得只考虑自己的存在，而不考虑他人的存在；只为对自己有利的事负责，其他人的事情或感受统统与己无关。

反过来，如果一个孩子从小没有得到家庭温暖，没有得到足够的双亲的爱，或者没有学到如何关心他人的行为，那么，也有可能从小就表现出自私自利、心胸狭窄的自我中心行为。

此外，一个人所处的社会环境也是非常重要的。比如一个人在社会生活中，缺少朋友，缺乏必要的人际交往，很少获得外界信息，他的思维方式会有很大的局限性，往往也会形成自我中心的个性。

另外，一些信奉消极、颓废价值观念，抱着"人都是自私的""人不为己天诛地灭"等狭隘利欲观的人，定会在生活中表现出以自我为中心的个性特点。

我们应该如何去帮助这些学生，以便他们能够拥有良好的人际关系呢？

首先，要让学生认识到"自我中心"是一种不成熟的心理特征。一个心理健康的人随着年龄增长，总是从最初的关注自我，到逐步地关注他人，并扩展到关注整个社会。因此，要使自己成为一个真正成熟的人，必须不断主动去接触外界，了解外界，主动沟通他人，获得他人信息，丰富自己的内心世界。

其次，要让学生意识到"自我中心"的个性会对自己的人际关系造成损害。以自我为中心的人一般都会不自觉地表现出"老子天下第一"的意识，希望在任何情况下别人都能听命于他，以他为中心，以便体现他在人群中的重要地位。他不会站在别人的角度考虑问题，因此没有人愿意和这种人交往。

再次，要引导这类学生多参加团体活动，让他们在和别人接触的过程中发现自己的缺点，从而产生改变的意愿。教师可以采用一些角色扮演的活动，让他们在这些活动中去体验别人的心理感受，以增强他们理解别人的能力。

另外，空椅子技术是格式塔流派常用的一种技术，是使学生内射外显的方式之一。这种技术常常运用两张椅子，要求学生坐在其中一张，扮演一个"胜利者"，然后再换坐到另一张椅子上，扮演一个"失败者"，以此让学生所扮演的两方持续进行对话。通过这种方法，可使学生充分地体验冲突，而由于学生在角色扮演中能从不同的角度接纳和整合"胜利者"与"失败者"，因此冲突可得到解决。通过两部分的对话，使人们内在的对立与冲突获得较高层次的整合，即学习去接纳这种对立的存在并使之并存，而不是要去消除一个人的某些人格特质。

我们将空椅子技术分为三种形式：

第一种是"倾诉宣泄式"。这种形式一般只需要一张椅子，把这张椅子放在学生的面前，假定某人坐在这张椅子上。学生把自己内心想对他说却没机会或者没来得及说的话，表达出来，从而使内心趋于平和。这种形式主要应用于三个方面：

1. 亲人或者朋友由于某种原因离开自己或者去世，学生因他们的离去而感到内心非常悲伤、痛苦，甚至伤痛欲绝，却无法找到合适的途径进行排遣。此时，教师可以运用空椅子技术，让学生向空椅子进行倾诉，表达自己对空椅子所代表人物的情感，从而使自己强烈的情感得以舒缓。

2. 空椅子所代表的人曾经伤害、误解或者责怪过学生，学生由于各方面的原因，又不能直接把负面情绪发泄出来，郁积在内心的情绪此时可以通过对空椅子的指责，甚至是谩骂，从而使学生获得内心的平衡。

3. 椅子所代表的人是学生非常亲密或者值得学生信赖的人，学生由于种种原因，无法或者不便直接向其倾诉。此时，可以让他向空椅子倾诉自己的情感，从而获得某种解脱。

第二种就叫"自我对话式"。也就是自我存在冲突的两个部分展开对话，假如学生内心有很大的冲突，又不知道如何解决时，放两张椅子在学生面前，坐在一张椅子上，就扮演自己的某一部分，坐在另外一张椅子上，就扮演自己的另一部分，依次进行对话，从而达到内心的整合。这种形式主要应用于两个方面：

1. 由于种种原因，学生认为自己本应该做的事情，却没有做，引起了不好或者严重的后果时，产生了强烈的内疚感、罪恶感和自责心理。此时，运用空椅子技术，让学生自己与自己展开对话，从而降低内疚感。

2. 面对各种各样的选择很难下定决心或者处于人生的十字路口不知何去何从时，学生会因此逃避现实，甚至通过烟酒或其他方式来麻醉自己。此时，运用空椅子技术，让学生自己与自己展开对话，澄清自己的价值观，分析各种选择的利弊，找到解决问题的途径。

第三种形式叫作"他人对话式"。它用于自己和他人之间的对话，操作时可放两张椅子在学生面前，坐到一张椅子上时，就扮演自己，坐到另外一张椅子上，就扮演别人，两者展开对话，从而可以站在别人的角度考虑问题，然后去理解别人。它主要应用于两个方面：

1. 学生以自我为中心，不能或者无法去体谅、理解或者宽容别人，因此存在人际交往方面的困难，自己却找不到原因。此时，运用空椅子技术，让自己和他人之间展开对话，让学生设身处地地站在他人的角度思考问题，从而领悟，找到人际交往困难的原因。

2. 学生存在社交恐惧，不敢或者害怕和他人交往。此时，运用空椅子技术，模拟人际交往的场景，让学生在这种类似真实的情境当中减轻恐惧和焦虑，学会或者掌握与人交往的技巧。

运用空椅子技术之前，应该深入地了解学生的问题所在，要看其是否适合用这一技术来加以处理。并不是所有的问题都适合用空椅子技术，比如，有的学生初次接受指导时，对辅导教师还不够信任，往往先说出一些无关紧要的问题，来试探辅导教师的"深浅"，此时如果贸然使用空椅子技术，就可能产生"阻抗"。只有在双方有了比较充分的相互了解的基础上，才可以决定是否采用空椅子技术，同时还应该认真思考运用哪种形式的空椅子技术。

班主任如何指导学生处理好师生关系

　　教师的不同行为对学生的影响是巨大的。这种影响首先表现在学生的自信心上，受到低期待的学生会感到自己能力低或品行不好，产生无能感。教师期待的影响会进一步表现在学生的各种行为与学习成绩上，受到低期待的学生会放弃努力或继续表现出一些不良行为，导致学习成绩下降。教师期待的影响还表现在师生关系上，受到低期待的学生与教师的关系逐渐疏远。由此可见，受到教师高期待的学生会得到充分的发展，而受到教师低期待的学生则不能够充分地发展其具备的潜力。

　　良好的师生关系一般有以下几个特征：

　　1. 尊重——相互尊重是良好的师生关系的本质特征。尊重的前提是平等相待，尤其是教师，应该把学生作为有独立人格的人来看待，不侮辱学生人格，不伤害学生的心灵。

　　2. 真诚——真诚既是建立良好师生关系的基础，又是衡量师生关系好坏的一个标准。在师生交往过程中，师生双方应该开诚布公地、直截了当地交流自己的态度和意见。只有在真诚、坦率的交往氛围中，双方才能完全地开放自己，真正接纳对方。

　　3. 关爱——彼此都希望自己受对方重视。教师应该关心学生的学习、生活、交往等，发自内心地去爱护每一位同学；作为学生也应该积极主动地去关心教师，珍惜教师的劳动成果。

　　4. 民主——师生之间应该是一种平等对话的关系。尽管师生关系是一种教育与被教育的关系，但在教育过程中教师不应把自己的观点强加给学生；而学生在受教育过程中也难免会有不同的意见，此时应学会用适当的沟通方法与教师进行对话，而不是采取叛逆的对抗方式表达自己的不满。

建立良好的师生关系，最重要的一点就是尊重学生，以人为本。现在大多数教师都有尊重学生的观念，但是观念并不等于行为。很多教师在观念上也知道要尊重学生，可是一旦处理具体问题时，教师就很容易忽视对学生的尊重。因此，我认为教师不应该把尊重停留在口头，应该把尊重体现在每一个细节中。

首先，教师要学会心理换位的技巧。心理换位就是人与人之间在心理上互换位置。在人际交往中对所遇到的问题，能设身处地地从对方所处的位置、角色、情境，去思考、理解和处理，深刻体察他人潜在的行为动因，不以自己的心态简单地看待问题，对待他人。"将心比心""己所不欲，勿施于人"等俗话说明了这种心理活动的特点。在教育过程中，心理换位是指在教育过程中教师把自己置于学生的心理位置去认识、体验和思考问题，从而择取有针对性的最佳方法来处理问题，以取得良好的教育效果，达到预期的目的。教育教学中很多师生关系方面的问题，都是由于师生双方不能站在对方角度看问题造成的。如果能够做到心理换位，很多师生关系问题都会迎刃而解了。

其次，教师要了解学生的需要，并予以适当的满足。需要是行为积极性的内部动力，追求需要的满足也是行为的根本目标，而且每个人的需要又是多种多样、发展变化的。因此研究、了解学生的需要，并予以及时适当的满足，就会增强说服教育的效果，赢得学生的信任，树立教师的威信，从而建立起良好的师生关系。有的学生跟你闹对立，是感觉到他自己在老师心目中的地位不高，他被老师忽视了。如果不了解学生内心的想法，不满足这类学生的情感需要，光是靠教师的权威去压服学生，肯定是没有效果的。

再次，利用"皮格马利翁效应"，可以增强教师对学生的期望。皮格马利翁效应是心理学家借助于古希腊神话的启示，研究教师对学生的期望所产生的重大影响。有关实验和教育实践表明，如果教师表示喜欢某些学生，对他们传达出较高的期望，学生就会感受到教师对自己的关注，并同样以积极态度对待教师，从而迸发出一种积极向上的激情，这些学生就常常如教师所期望的那样进步。由此，教师和学生就会产生良好的互动，在这个基础上，就会建立起良好的师生关系。相反，如果教师不喜欢学生，对学生期望过低或经常以冷漠、歧视的态度对待学生，那么学生也就会以消极的态度对待教师，不理会教师的要求，这些学生的成绩和品质就会一天天变坏。

总的来说，学生如果感到自己与老师之间出现了矛盾、误会、隔阂，那对于他们来说会是一种很大的心理压力。因为，毕竟教师象征着教育的权威，是师生关系中强势的一方。从这个意义上说，教师更应该"将心比心"，善于体察学生与自己关系上出现的一些微妙的变化，采取主动态度，去倾听学生的内心想法，及时驱散积聚在学生心头的阴云；而从辅导教师的角度来说，则应该引导学生掌握与教师沟通的技巧，积极与教师进行平等对话，而不要采取疏远、回避、敌视教师的消极态度来维持自己内心的平衡。

班主任如何指导学生处理好亲子关系

家庭生活和家庭中的孩子会成为何种人之间存在着很强的联系。由于社会是由一个个独立的个体组成的，因此培养出最为强健、最为和谐的人将是非常重要的，而所有这些都是从家庭中开始的。

亲子关系对高中生来说是一项非常重要的人际关系，亲子关系的好坏对他们的成长有非常大的影响。过去常被人视为社会关系中最亲密的亲子关系，正在出现让人震惊的裂痕。

导致家庭亲子关系紧张的原因，既有学生方面的因素，也有家长方面的因素：

首先是学生的独立意识增强。随着青春期后半阶段的到来，高中生的自我意识迅速发展，独立意识越来越强，有一种强烈追求自主的欲望。他们总认为自己长大了，有能力独立地处理一些事情，希望父母尊重他们的意愿，给予他们足够宽松与自由的空间。但在现实的家庭生活中，父母给了他们太多的关注和告诫，使得他们经常感到受约束甚至是碍手碍脚。当强烈的独立意识与父母的过多干预发生冲突时，高中生往往会以自己的逆反行为来表示自己的独立。有时心里明知父母是对的，也会反其道而行之。这种时候就会造成亲子关系紧张。

其次是双方缺乏沟通理解。有位教育家曾说过：家中有一个青春期的孩子，不亚于有一个待哺的婴儿。父母虽然希望自己的孩子早点长大、懂事，但由于不了解青春期孩子的心理特点，没有及时调整自己的教养方式，依然像对待小孩子那样，希望孩子对自己言听计从。又由于工作的繁忙，也很少有耐心去倾听孩子的心声，缺乏主动与孩子沟通的意识，更缺乏沟通的技巧。而处于青春期的高中生，虽然有时也想听听成人的建议，但面对父母的强势姿态，就往往更倾向于与同龄伙伴去进行沟通。

另外，还有一个主要的问题在于许多家长不能尊重孩子。家长们习惯于将孩子视为自己的私有财产，很少把孩子当成一个独立的个体去对待。他们认为拥有控制孩子的特权是天经地义的事情，所以很难改变自己的角色，站到孩子的角度去考虑问题。有的父母总认为孩子没经验、不成熟，总是以自己的经验和固有的观念对孩子指手画脚，将自己的意愿强加到孩子身上，缺乏对孩子独立人格的尊重。

因此，引起亲子关系冲突的因素并不是单方面的，可能既有父母方面的原因，也有孩子方面的原因，这个时候如果单靠对学生进行心理辅导，效果可能就不会太好。

学生接受了老师的指导，也许他单方面会做出一些改变，但如果父母方面没有相应的改变，就会使学生失去信心，从而拒绝做出新的改变，并想回到原来状态。这样便会使指导的效果大打折扣。如果应用"家庭治疗"技术，通过对全部或者部分的家庭成员进行干预，就可以帮助一些家庭形成比较好的良性沟通。

家庭治疗的特点是把焦点放在家庭各成员之间的人际关系上，不大注意各个成员的内在心理结构。其出发点在于每个家庭都会经历各种发展阶段（如结婚、生儿育女、子女离家等），若在某阶段某个家庭的结构、组织、交流、情感表露、角色扮演、联盟关系及家庭认同等方面出现不适应现象，就会影响到家庭的心理状态，而当难以由家人自行改善或纠正时，就需寻求帮助及辅导，于是家庭治疗由此产生。

从家庭治疗的方法与技术方面来说，可以粗略地分以下几种：

1. 结构性家庭治疗。家庭结构包括成员间的沟通方式、权威的分配与执行、情感上的亲近与否、家庭角色的界限是否分明。找出上述结构中的偏差并进行纠正，是该治疗的重点所在。评估结构问题，可用"家庭形象雕塑"的技巧来测定各成员的心理知觉，治疗者可让各成员排列各自心目中家人关系的位置及距离远近，再开展针对性的治疗。

2. 动力性家庭治疗。心理分析理论认为家庭当前的问题起源于各成员（尤其是父母）早年的体验，治疗者的任务是发掘治疗对象的无意识的观念和情感，与当前家庭中行为问题的联系，通过深层心理及动机的分析了解，使他们恢复"自知力"，着手改善情感表达、欲望与满足的处理方式，以促进家人心理成长。

3. 行为性家庭治疗。着眼于可观察到的家庭成员间的行为表现，建立具体行为改善目标和进度，充分运用学习的原则，给予适当奖赏或惩罚，促进家庭行为的改善。

4. 策略性家庭治疗。着眼于改进认知上的基本问题，首先要对家庭问题的本质有动态性的了解，建立有层次、有次序的治疗策略。例如，孩子依赖母亲的近因是母亲的娇宠，使孩子"永远长不大"；而夫妻间缺乏温情则是远因，使妻子的重心一直放在孩子身上，寻找寄托。那么治疗则应从远因即父亲（丈夫）角色开始进行帮助，从而促使家庭成员采取积极行动，解决家庭问题。

班主任如何帮助学生掌握人际交往技巧

人们不能顺利交往主要有两个方面的原因。第一个原因是人们自己在人际关系方面缺乏应有的自信，生怕别人不会像自己期望的那样理解、回应自己，从而使自己处于窘迫的局面，伤害自己的自尊。第二个原因是人们在人际交往方面有许多误解。如"先同别人打招呼，在别人看来是低人一等""别人对我不会像我对他那样有兴趣""我这样去麻烦别人，别人肯定会讨厌的""我根本不认识别人，他怎么肯帮我干事呢"等等。

高中阶段是个体社会化的重要时期，而社会化的顺利完成离不开人与人之间的交往，因此，高中阶段的人际交往对中学生的成长有着非常重要的意义。但是，这个阶段高中生人际交往的技巧、方法不成熟也是年龄特征之一，这与他们对人际交往的强烈需求恰恰形成了矛盾，这一矛盾时时困扰着他们，使他们不断在人际互动中遭遇挫折。

高中时期的人际交往主要有以下四个特点：

1. 同龄人之间的友谊占据着十分重要和特殊的地位。研究表明，儿童时期的个体在情感上最依恋的对象是父母，朋友则处于相对次要的地位。随着年龄的增长，这种情感依恋的重心便逐步由父母转向了朋友，并日益得以确定和加强。有一项调查表明，大多数人都认为自己结交朋友最多的是高中时期。

2. 小团体现象突出。由于空间上容易接近、年龄相当、兴趣相同等因素的影响，许多高中生都会加入到某一个非正式小团体中。这些小团体的成员相互间有高度的忠诚感，在行为方面也有很大的约束力。

3. 师生关系有所削弱。高中生不再像小学生那样将老师视为至高无上的权威。相对于初中生而言，他们对老师也有了新的认识，并有了更高的要求，对于喜欢什么样的老师也有了更明确的看法。

4. 易与父母产生隔阂。不少中学生都觉得与父母难以沟通，有话宁可与知心朋友讲，也不愿对父母说；无论是在价值观念、交友方式、生活习惯，乃至着装打扮等等方面，都容易与父母发生摩擦，不断产生与父母的心理隔阂。

总之，由于自我意识、独立欲望、自尊心都明显增强，高中生在渴望人际交往的同时，也容易出现封闭、防御、自卑、"骄娇二气"等交往心理障碍，应该注意加以克服。

这四点概括得非常符合实际情况，从中我也看出同龄人之间的友谊对高中生非常重要。但同时，同龄人之间的交往也最容易出问题，这困扰着高中生，这和他们的年龄特点是分不开的。

首先，高中生随着自我意识的进一步发展，他们非常在意自己的形象，对于他人对自己的评价也非常敏感。因此，他们在讲话和做事的时候就会比较小心翼翼，自己的内心秘密也不会轻易地向他人透露，从而影响了他们的人际交往。

其次，高中生的独立性进一步增强，逆反心理更加强烈。这个时候，有些同学的行为表现得非常特立独行，非常自我，他们渴望与众不同。因此，与他们沟通起来就显得特别困难。

再次，高中生存在一定的闭锁心理，人际交往比较被动。有研究表明，高中生在交往中倾向于期待他人引导和帮助自己，期待他人主动接近自己，特别是当他们产生忧虑、恐惧、孤独、压抑等消极情绪时，这种倾向就会表现得更为强烈。

引导学生学习人际交往技巧，可以从以下几方面入手：

1. 帮助学生确立正确的交往观念，使其开放自我主动交往。想了解别人，最好先让别人了解你，这样才能形成良好的人际互动。高中生要想赢得别人的友谊，同别人建立良好的人际关系，就必须做交往的主动者，争取在人际互动中处于主动地位。

2. 帮助学生养成良好的交往品质。多项研究表明，高中生所能接纳的特质主要有：真诚、宽容、信任等。"真诚"是指诚实、真实、恳切，开诚布公，坦率真实，能使人推心置腹，互相看到一颗纯洁的心。"宽容"意味着无私和坦荡，也意味着理智与豁达。当然宽容不是纵容，要有理智地、批判地看待问题。"信任"包括信任自己和信任他人。信任自己才有可能自然大方地把自己的思想和情感暴露给对方，信任他人则是对他人感情和人格的尊重。只有帮助学生养成良好的交往品质，才能使他们在人际交往中取得优势。

3. 帮助学生克服交往心理障碍。高中生在交往过程中常出现如下交往心理障碍：第一，害怯。一些学生由于害羞，过多地约束自己的言行，以致无法充分地表达自己的思想感情，阻碍了与同学、老师的交往。克服害羞，主要的是要解除思想包袱，树立信心，肯定自己的长处。第二，自卑。自卑的主要表现就是缺乏自信。克服自卑感的第一步是要学会全面客观地分析自己，增强自信。此外，要努力塑造良好的性格，摆脱他人对自己的成见，寻找新的环境重新表现自己。第三，封闭。这是指有意无意地把自己限制在最小交往圈的状态。习惯于封闭自己的学生，往往遇事固执己见，对人处处设防，难以交往。要正确分析和认识自我。不把自己看得过高，也不要把别人贬得过低，将自己放在同伴群体的恰当位置上，积极感觉自己与周围环境的关系，让自己从封闭中开放起来。

4. 帮助学生学会交往的艺术。交往是一门艺术。要想同别人建立和维持良好的人际交往，仅仅拥有正确的交往观念和基本原则是不够的，成功的交往还要依靠丰富有效的交往艺术。这些艺术包括：表达的艺术、倾听的艺术、婉拒的艺术、道歉的艺术、交涉的艺术和批评的艺术等。因此，教师有必要通过班会、心理辅导课等途径向学生传授这些交往的艺术。

班主任如何对待网络成瘾的学生

我们提出的网络成瘾这个诊断，在分析所有网上行为中究竟哪些行为是不恰当的还不是很清楚。引述一位研究者的话："如果一些人上网成瘾，那么他们究竟是对什么上瘾呢？"有人上网是为了获得信息，有人为了玩游戏，有人为了寻求浪漫的感情或性伴侣。人们是否有可能对这一系列目标和活动上瘾呢——也就是所谓的"网络成瘾"。或者在互联网使用上存在更特殊的导致心理适应性问题的原因。把一个仅在互联网上与人交往的人诊断为社交恐怖，而不是网络成瘾可能会更有用。我们希望大家仔细思考的是网络的普遍性质如何能够导致一种具体的心理病理形式，并可以恰当地称之为"网络成瘾"。

现在老师和家长都比较关注网络成瘾问题，却比较少去挖掘学生上网的真正原因。老师能站在学生的立场上，接纳学生的行为并且帮助学生找到导致他迷恋网络的心理原因，这就是处理网络成瘾问题的独特之处。

网络成瘾对青少年的生理、心理造成的影响是很严重的。有些学生为了获取上网的机会，常常不择手段，比如欺骗、对抗、逃学、偷窃等，所以往往会受到家长、学校比较严厉的惩罚或处置。而这些表面上的违反社会规范的行为问题因为非常突出，反倒掩盖了学生网络成瘾背后的真正根源。特别值得注意的是家长对子女的态度与教育方法，可以说绝大多数的家长对自己孩子上网成瘾都是极为焦虑的，因此反应也很容易过激。为了阻止孩子上网，家长们采取的手段也可以说是无所不用其极。但由于缺少对孩子的尊重、理解与接纳，结果不仅达不到预期的目的，反而将问题打上了"死结"。所以，解决问题的一个重要方面在于引导家长改变态度和方法。我在辅导一些个案的时候，一个比较深切的感受就是：家长教育方法的不当不仅不能切断孩子与网络的联系，反而把孩子进一步推向了网络。

关于网络成瘾可能有不少的说法，至今在国际学术界也没有定论。但总的来说，网络成瘾一般是指不健康的、病态的、强迫性的网络使用行为。我们可以依据一些标准来判断学生是不是有网络成瘾的倾向。比如每月上网超过 144 小时，也就是一天 4 小时以上；脑中一直浮现和网络有关的事或游戏情景；无法克制上网的冲动；上网是为了逃避现实，解除焦虑；不敢和亲友表明上网的时间；因上网造成课业及人际关系的问题；上网时间比自己预期还长；花太多钱在网络设备或上网上面；到后来要花更多的时间上网才能满足，等等。以上这几条标准只要符合五项，就可以说明这个学生已经网络成瘾了。当然，这些都是相对的参照标准，还需要进一步讨论。

沉迷于网络确实危害性很大，具体可以概括成这几个方面：

1. 浪费时间。沉迷于网络特别是网络聊天和游戏的学生往往长时间坐在电脑前，甚至通宵达旦，废寝忘食。

2. 浪费金钱。上网不是免费的，特别是不少学生愿意去网吧上网。作为一名没有收入的学生沉迷于网络无疑将大大增加家庭的经济压力。

3. 危害健康。如果沉迷于网络，会更加缺乏人际交流，产生自闭倾向。学生长期沉迷于网络游戏，左前脑发育受到伤害后，会进一步影响右脑发育，使个体处于亚健康状态或直接导致身心障碍。

4. 形成心理障碍和人格异常。因为上网是"人机交流"，人若是只和机器长期交流，那么人与人之间的正常交往就难免萎缩了，学生就会变得冷漠，不善于与人交际，不合作，不合群，特别是与父母相对抗，这是第一阶段的发展变化。第二阶段的发展变化是，长期上网会出现两个自我，一个是现实中的自我，一个是虚拟世界的自我。到了这个地步，学生往往会用虚拟的理念处理现实的问题。到第三阶段，长期上网还会产生人格异常，比如变得自闭、说脏话、爱发脾气、行为怪异、孤僻、内向、多疑、敏感等等。

很多老师和家长面对上网成瘾的学生，采取了强制措施，比如限制孩子的零用钱，同时又对他们的行为做出种种限制，但却没有什么效果。所以我们常常在议论：打也打了，骂也骂了，为什么就达不到理想的效果呢？

这其实是我们老师和家长的一种认识误区。网络成瘾实际上是一种表象，反映的却是学生潜在的心理问题。比如学生实际上是通过网络的虚拟世界满足了在现实生活中缺失的心理需求，而老师和家长往往只看到了这个结果，并把这个结果当成了原因，因此对孩子的上网行为采取强制的措施，而不是从源头上去帮助孩子。这样根本解决不了问题，而且还会造成学生的逆反和对抗心理，甚至于促使他对网络更加迷恋。

学生迷恋网络的原因很多。首先是学习压力无法承受和排解。爱玩、追求快乐是孩子的天性，然而现实中孩子天天被沉重的课业压抑着快乐的天性，尤其是家长高期望值让孩子感受到无法承受的巨大压力。所以特别向往自由的孩子最终找到虚拟的网络，因为置身于网络游戏之中既无拘无束又好玩，可将成长的烦恼暂时抛之脑后，加上青少年自控力差的心理特点，就使得一上网就成了"网虫"。

其次是生活中社会交往关系的不顺畅。由于现在独生子女普遍遇到的问题是缺少玩伴，孤独、寂寞，而网上交往的虚拟化往往能使缺乏社会阅历的学生得到心灵上的满足和安慰。

第三是寻求被爱的感觉。有些离婚、再婚家庭的孩子对感情有不安全感，容易对网络产生依赖，如果遇到网上别有用心的人，得到虚假的被关爱的感觉，就很容易上当受骗。

第四是满足被认可、受重视、受尊重的需求。在网络游戏中，谁厉害谁就是英雄，容易满足孩子亟需被他人肯定的心理，使其产生一种被大众认可的满足感。

有许多学生实际上并没有网络成瘾，但是却有着网络痴迷的倾向，如果不能够及时干预，可能就会滑向网络成瘾的深渊。对于这样的学生，首要一点是老师要对网络有一定的了解，最好能够具备基本的网络知识，能够与学生进行沟通和交流。利用班会课和他们聊网络方面的东西，他们就比较高兴，也能够和老师聊一聊他们的想法。老师的介入和指导对学生来说非常重要，只有这样才能了解和接纳学生的上网行为。

网络是一把双刃剑，合理地使用网络对学生的学习和生活都会有比较大的帮助，所以老师对于学生的上网行为不要一味地禁止。同时，要了解学生的上网动机。学生上网的动机是多种多样的，一般来说可以分为这样几种情况：为了满足自我探索、寻求独立与自主、建立自尊心与自信心的需要，为了学习网络知识，或者为了纯粹的娱乐等等，老师要对学生的具体情况有所把握，区别对待。对于有网络痴迷倾向的学生要尽早发现，在了解学生上网的原因之后，有的放矢地控制学生的上网行为，配合家长对学生的上网行为包括上网时间和次数等进行监督。如果学生情况比较严重，已经属于网络成瘾，则需要有专业的心理辅导老师和心理咨询机构来帮助了。

总的说来，大原则就是两条：一是"网开一面"，二是"自控"与"他控"相结合。另外一点就是有网络成瘾倾向的青少年学生，大多数个性内向，且人际关系方面也有社交障碍。若能运用团体辅导增加他们的社交兴趣，转移他们对网络的注意力，或许可帮助他们改善网络成瘾的症状。班主任老师可以利用班会活动课，组织一些丰富多彩的集体活动，比如：促进班集体成员之间交往的游戏活动，探讨网络世界的辩论比赛，中学生健康生活知识讨论活动，等等，这些都将起到非常有益的辅助作用。

班主任如何对待有"偷窃癖"的学生

偷窃癖是指无明确目的，纯粹出于无法抗拒的内心冲动而反复出现、难以自制的偷窃嗜好和行为。偷窃既不是为了谋取经济利益，也不是为了挟嫌报复、窃富济贫或引人注意，没有一般偷窃行为明确的偷窃动机，可不问其价值如何。偷窃行为也不是由于智能缺陷造成的，通常无特殊的精神异常，故与精神分裂症、脑器质性疾病或智力发育迟缓等表现出来的偷窃行为不同。属于意志控制障碍，亦是一种虽屡遭惩罚以至身败名裂也难以改正的强迫症。

"偷窃癖"与小偷或惯偷不同，从精神病学的角度来看，"偷窃癖"实际上是一种心理变态行为，其主要特征是反复出现不可克制的偷窃冲动，事前没有计划，作案过程有逐渐加重的紧张兴奋感。行窃的钱物不是因个人实际需要，也不考虑偷窃物的经济价值，他们常将偷窃的物品丢弃、偷偷归还或收藏起来。他们都是独自进行偷窃，在体会到偷窃过程的刺激后，紧张得到了缓解，精神上得到了满足。所以从心理学上讲，所谓的"偷窃癖"是一类以反复出现不可克制的偷窃冲动而反复行窃为主要表现的心理障碍。有偷窃癖的人总是有一种紧张感，在行动前他的内心会非常冲动，心跳加快；偷窃行为一旦得逞，他便会有一种释放感、满足感，甚至有人形容为"快感"。但之后他又会感到自责、内疚，想要改变却又改不了。

在实践中若要判断是否为"偷窃癖"时，可以根据下面五个方面的行为来进行衡量：

1. 反复发生不能克制的偷窃物品的冲动，偷窃的物品不是为了自己使用或为了它的经济价值。

2. 在行窃之前紧张感逐渐增强。

3. 行窃时感到愉快、满足或放松。

4. 偷窃不是为了表达愤怒或报复，也不是受妄想或幻觉的影响。

5. 偷窃不能以品行障碍、躁狂发作或反社会人格障碍做更好的解释。

有偷窃癖的人大多存在着性格缺陷，比如自私、倔强、好强、个性狭隘、孤僻等等。这些与其所受的家庭教育、所遭遇的经历等有一定关系。

学校处分有"偷窃癖"的学生，当然会对他的偷窃行为产生一定的约束力量，但是并不一定能阻止他继续去偷窃。因为这种"强迫性偷窃"有反复性与顽固性的特征，使得纪律处分不能发挥有效的作用，甚至还可能会造成当事人情绪低落、悲观厌世等消极后果，给治疗、辅导与康复带来困难。所以班主任如果遇到了偷窃情况比较严重、怪异的学生，一定要区别对待、谨慎处理。

"厌恶疗法"也称"厌恶性条件法"，它是一种具体的行为治疗技术。它的内容是将欲戒除的目标行为（如偷窃冲动）与某种不愉快的或惩罚性的刺激结合起来，通过厌恶性条件作用，而达到戒除或至少是减少目标行为的目的。最简单的方法就是在手腕上套一条橡皮筋，每当自己出现不良想法或行为时，就用另一只手不停地弹拉橡皮筋，一拉一松使手腕产生疼痛，直至不良行为消失为止。

使用这一技术时要注意：首先，厌恶疗法并不是单独使用，它必须配合其他辅导策略一起进行；其次，辅导老师要比较详细地解释厌恶疗法的作用，让当事人能够理解和接受。比如施加的厌恶刺激应有足够的强度和持续时间，使自己难以忍受而不得不消退其不良行为。最好由学生主动掌握这一疗法的要领，自觉接受厌恶刺激的惩罚。

目前，对"强迫性偷窃"还没有有效的药物方法，矫治起来比较难。加之偷窃者一旦被发现，一般都会被大家认定是行为不良、品质恶劣，因此一些学校常常会采取公开处分甚至开除学籍的处置方法。这些处置对有"偷窃癖"的学生来讲有时是一种致命的打击。所以，班主任老师所要做的事情，首先是能够及时发现并协助辅导教师甄别学生是否属于病理性的偷窃行为。

"偷窃癖"的预防，关键在于遇到心理冲突后，及时进行心理疏导，使心理冲突得到及时化解。学生在遇到心理冲突的时候，可以自我宣泄，可以找知心朋友倾诉，也可以求助心理辅导老师或心理咨询机构。同时，避免不恰当地运用心理自我防卫机制。这样，可以促使心理和行为理性化，而不至于在潜意识的作用下发展为强迫性偷窃，以变态的方式寻求非理性的心理满足。

"偷窃癖"的矫正，较为有效的是"厌恶疗法"。按照条件反射原理，人的一个行为出现时，如果有一个满意的刺激，相关行为就会得到强化而容易再次出现；如果有一个厌恶性的刺激（如医院里采用的电击或催吐）出现，对神经联系就有抑制作用，会使相关行为反应逐渐消退。如果每次偷窃后不能获得快意满足的感受，随之而来的却是一种厌恶的痛苦的刺激，那么其偷窃行为就会逐渐改变。

　　学校和家庭应该给"偷窃癖"学生创造一个相对宽松的环境。首先因为"偷窃癖"并不是学生的道德品质问题，不能通过简单的道德谈话或者行政惩罚来解决；其次是在给"偷窃癖"学生进行心理辅导和行为治疗时，家长、老师、同学及学校有关方面能够给予学生更多的关爱。只有真诚的关怀和理解，才有助于帮助他们走出情绪的低谷。

班主任如何对待离家出走的学生

　　现在学生离家出走的现象比较多，作为班主任老师，还是比较怕遇到这样的情况。特别是学生如果从学校出走，通常老师的责任都非常大。有的家长找不到学生，就会跑到学校里来找老师。

　　学生出走了，老师首先不是要推卸责任，而是要做好配合家长的工作。学生回来后，班主任又面临一个问题：你要是说说他，又怕说重了；你不说他，恐怕又不合适。这种时候，有的老师总希望只要没事就好，或者凡事我顺着你好了，千万别出事就行。这样做表面上会风平浪静一段时间，但是学生的问题并没有得到解决，学生又离家出走了，老师们的工作就会更加被动。

　　学生离家出走的原因到底有哪些呢？

　　从社会心理学的角度来讲，首先是学生的人际关系紧张，包括亲子关系、师生关系、伙伴关系等不和谐；其次是学习负担过重，有厌学情绪，热衷于早恋或者网吧，并受到来自外部的压力；再就是有人格异常与逆反心理等等。这些都是学生离家出走的原因。

这几年好像学生离家出走已经成为一个让人无法回避的社会现象。孩子离家出走不是我们希望看到的，但是事情发生前，首先是老师要尽量关注班级学生的心理变化和思想动态，掌握好第一手的资料，防患于未然。调查发现，现在孩子们的学习兴趣和动力低得超过想象。所以学校一定要加强教学改革，以创新的方式活跃学习气氛，培养学生的学习兴趣，变学生被迫学为自觉学。同时我们老师也要加强对学生的亲和力，及时发现不正常的现象，及早采取防范措施。这样，离家出走也许就会在萌芽中被发现和及时制止。

学校还应该配合社会和家庭，共同做好防范工作。学生离家出走，一定是在逃避什么，一定是家里或者学校里有些事情让他感到痛苦，无法忍受。人在遇到痛苦刺激的时候，一种本能的反应便是逃避。比如说，学习屡屡受挫，既无成功感，也无自尊感。逃学、逃家的孩子，是不快乐的孩子，他们遇到挫折退缩，或为免受老师、家长责罚，借这一明显的反抗或逃避行为，来寻求暂时或永久的解脱，免除不愉快。假如老师和家长在此刻还要再施加高压，那么就可能导致矛盾激化，学生离家出走。所以，对于学生离家出走的原因，要站在学生个人感受的立场上方可找到根本原因，然后才能对症下药。

如果真的发生了离家出走的事情，老师和家长不要一味地责怪学生，要给予学生一定的理解与尊重，帮助他们分析离家出走的危害。鼓励他们与身边的人进行交流。要做好离家出走学生的干预工作，这一干预过程包括对出走学生的心理安抚、与家长的沟通，然后是针对学生的出走原因进行有的放矢的指导，比如人际关系指导、学习困难指导等等。对于离家出走回来的孩子，家庭和学校都不能歧视，要多给予关心和爱护。

离家出走只是一个表象，真正的问题是家长与学生两代间沟通渠道不畅通。沟通不畅也许双方都有问题，但辅导老师并没有必要去追问谁是谁非，而是重在促成双方特别是父母一方去反思造成这种现状的原因是什么。比如父母亲忙于工作，忽视了与孩子的沟通；孩子个性可能比较内向，主动性也比较差，所以他们之间的相互需要都被对方忽略了。

教师要帮助学生的父母去理解：孩子的离家出走虽然不是一件好事，但是它却是一个契机，也就是可以把它看作是改善亲子关系的一个机会，就是在父母反思自己家庭教育方式存在问题的基础上，要努力促成亲子双方的沟通。这一步很重要，因为在我们的传统观念里，父母总是习惯说教、指责、命令等，真要让父母扮演积极倾听的角色并不容易。其实亲子双方的沟通方式在某种意义上说主要就是关注与倾听，这些方式代表了亲子之间的亲情，但很多父母却总是强调自己忙，或者这样那样一些客观原因，不注意用好这种表达亲情的方式。

愿意积极倾听的父母会表现出一种全新的感激、尊重与关爱，使孩子对父母产生亲密的感觉，因而也会相应地对父母表达出类似的反应。因为父母肯倾听孩子的心声，孩子当然也愿意聆听父母的看法。除此之外，积极的倾听可以帮助孩子分析问题，孩子会因不断的倾诉而逐步分析自己的问题，最后找出建设性的解决方法，进而变得较自主、负责和独立。

高中生离家出走，就一所学校而言，涉及的人数并不会太多，但它的确是一个不容忽视的问题，关系到孩子的成长，也关系到家庭、社会的稳定与和谐。希望家长和老师都要关注这一问题，给孩子提供健康成长的条件，创设安定温馨的成长环境。

班主任如何处理学生的错误

玉不琢，不成器。班主任老师应学会处理学生的各种错误。

1. 给学生以诉说权——说明错误经过的权利

绝大多数学生犯错误都不是有意为之，有的学生虽然犯了错误，但可能已尽了最大的努力来降低错误的程度，仅此一点就该肯定。假如老师只看到错误的结果，而不了解事情发生的过程，就不分青红皂白，任自己宣泄情绪，不给学生说话的权利，若学生诉说一下"苦衷"，便斥责学生强词夺理，态度不好，不服管教等，这种简单粗暴的做法往往会造成学生的抵触情绪，加大工作的难度。

给学生诉说权，有几点好处：其一，教师在倾听学生诉说中明白真相，便于找到教育的切入点；其二，学生在诉说中表现或沮丧或害怕或不在乎等情绪，老师可以准确判断其心态，以便对症下药；其三，学生叙述错误的过程，本身就是认识、承认错误的开始，有时就是良心发现的具体表现。这样教育的效果应该是可见的。

2. 给予学生商讨权——提出恰当要求的权利

教师不能因为抓住了学生的"小辫子"就得理不饶人。学生有错，在正常情况下往往不敢与老师"讨价还价"，只是被动地接受批评，这时，如果老师能俯下身子征求一下学生的要求，就已经让学生感到惊讶了，若能够满足学生提出的恰当要求，打消他们的种种顾虑，学生必定感激老师给了面子——错，岂有不改之理！

学生与老师商讨处理的办法，有时甚至是哀求，说明学生有自尊心，有改过的愿望，老师应该抓住这个教育的契机满足他们提出的类似"保密"的要求，不让他们在家长面前不好交代，在同学面前丢面子。否则，如果老师在气愤之下采取过激的处理办法，不给学生台阶下，学生势必会产生压抑情绪或干脆一不做二不休，破罐子破摔，教育的效果可想而知。给学生商讨权，对于维护学生的尊严，提升学生对老师的信任，改善师生关系，更好地让学生改错，作用则十分显著。

3. 给予学生弥补权——弥补过失的机会

学生有了过失，最好让其"将功补过"。这样不至于让其放纵或内疚下去。魏书生老师让犯错学生唱歌或做好事，根据错误情节的轻重而采取不同的方法。如某生迟到，本不是多大的"过"，可以让他选取合适的时间为大家唱歌，这样既活跃了气氛，给大家带来了快乐，又让学生知道有错必究。如情节稍重些，可让其打扫教室、洗洗窗帘等。这样过失学生乐于接受，又为集体做了事，何乐而不为？

4. 给予学生反省权——一定时间冷静思考的权利

不要希望过失学生能一下子改掉缺点错误，要给他们台阶，一步一步地让他们下来，使他们的心理状态有个调整的过程。因为有时过失学生一时还没有走出刚发生纠纷的圈子，情绪仍不能平静下来，如果老师此时处理过于急躁，劈头盖脸将其训斥一通，只会将事情办糟。

给学生反省权，让学生走出暴躁冲动，摆脱情绪的左右，冷静理智地思考，自我解悟，自我反省，并心悦诚服地接受批评，进而认错改错。

班主任如何干预学生的自杀行为

谈话及交流可以减少自杀者的迷茫、焦虑及恐惧。与自杀者谈话的人需要有一定的敏感性，应避免加剧自杀患者的羞愧和内疚，也不可对自杀者感到厌恶，同时要准备给自杀者提供一些实际的帮助，如给医院打电话或帮助处理思想行为混乱情况下易被忽视的事情。这样的做法能阻止自杀者心理上的麻木不仁，而这种麻木不仁是自杀的重要基础。因此，通过对话及实际的帮助，可能使自杀者原先缩窄的视野变得开阔，缓解他们认知上的局限。

学生在学校里自杀是让领导和老师们避之唯恐不及的事情，大家都非常害怕，要是哪位老师碰到了这种事，第一感觉肯定就是觉得自己很倒霉。这种心情是可以理解的。但是与其避之如虎，不如事先做好预防，特别是做好自杀的心理干预，往往会有效地防止自杀现象的产生。

中学生的自杀行为在许多时候表现为受挫之后的过激反应。对于处在青春期的高中生来说，他们的心理特点就是情绪波动比较大，他们本身又不成熟并缺乏生活经验，所以对生活中的挫折缺乏足够的心理准备，觉得自己无法解决时，往往会采取一些比较极端的措施。杜尔凯姆将这一类自杀称为"失范性自杀"。这类自杀主要发生在个人与社会的固有关系被破坏的情况下，此时个人往往感到失去适应新环境的能力，或者失去与社会的联系。于是产生一种强烈的失落感和无助感，导致自杀。而贝奇勒则把这一类自杀归类为"攻击性自杀"，其目的是为了达到报复别人的效果，或给别人施加压力，以得到别人的帮助。他认为这种自杀多发生在比较冲动和不成熟的青少年身上，他们并没有真正的死亡企图，只是将自杀当作一种要挟或求助的手段。

通常对自杀行为的干预是让学生认识到自杀并不是解决问题的唯一方法。因为绝大多数有自杀企图者是因为面临生活逆境不可解决时才选择自杀，是希望"一了百了"，但如果有解决目前逆境或矛盾危机的其他方法，那就可以避免自杀。因此，老师应该围绕这个中心，给予亲情上的关注，通过与周围关系较亲密的人沟通交流，疏导被压抑的情感，并且帮助他认识和理解危机发展的过程及与诱因的关系；其次是学习一些问题解决技巧和应对方式，帮助他建立新的社交天地。

所以老师的干预策略中就应该让学生学会应对挫折的方法，并且提高自己对抗挫折的能力。心理干预并不是劝慰他不要自杀，首先是要解决当前的危机。然后跟他一起探讨有没有更好的解决办法，而且这种办法应该是切实可行的，能够帮助学生面对和解决问题。

学生为什么要自杀呢？

首先是家庭结构不完整，得不到应有的亲情关注。当学生遇到挫折和失意时，得不到父母的帮助、支持和鼓励，在心理上感觉自己被抛弃了，也许就会比较容易萌发自杀的念头。

其次，自杀往往与学生的个性有关。心理学者通过调查发现，那些个性大方活泼、开朗乐观、适应能力很强的学生较少有自杀念头；而性格内向、孤僻、自私、固执、依赖性强、心理脆弱的学生往往承受挫折的能力较差，容易受到消极意识的影响，在情绪冲动的情况下会产生轻生的念头。

再次，就是来自外界的因素，包括家庭、学校、社会等方面的因素。比如家庭中缺乏亲情，经常发生家庭暴力，家庭存在不合理的教育方式，学校学习和考试压力太大，同学之间的人际关系不和谐，还有非理性的社会舆论，等等。

作为老师，最好是能够及时发现有自杀苗头的学生，避免这类情况的发生。从心理学的角度来说，自杀者采取行动前大多是有信号的，以下这些表现我们也可以把它们看作是自杀前的征兆或预警信息：

1. 反复谈论和思考死亡、自杀；

2. 提一些可疑的问题（打听哪些方法可致死）；

3. 害怕晚上不能入睡，害怕黑夜；

4. 处于抑郁状态并经常哭泣；

5. 把自己锁在屋里或远离他人；

6. 焦虑、紧张，感到无望、无助；

7. 想象自己最好患严重的躯体疾病，想以死结束对家庭的拖累；

8. 感到活着无价值；

9. 想到被迫害、处罚、虐待；

10. 抑郁后无明显原因变得平静或高兴；

11. 对家务事突然表现出极大的兴趣；

12. 放弃个人财物；

13. 对好朋友无原因地赠送自己的物品作纪念，并说告别的话。

其实不少人对自杀存在着误解，这些误解包括：

1. 谈论自杀的人，并不会自杀，其实80％的自杀者自杀前有线索。

2. "自杀者想死"。事实上很多人并不想死，他们只是想要逃离那个令人无法忍受的境遇，大部分曾经想要自杀的人现在都很高兴他们还活着，他们说当时他们并不想要结束自己的生命，只是想终止自己的痛苦，他们实际上是处在生与死的矛盾状态。

3. 只要有一次自杀，他总会自杀，自杀危机只与危机情境和压力有直接联系。

4. 一旦自杀不成功，自杀的危险就过去了。只要危机情境未消除，自杀的危险就依然存在。

5. 自杀是遗传的。基因遗传是重要的，但并不意味着"宿命"，自杀不是人类对严重痛苦的正常反应。

6. 和青少年学生讨论自杀问题会诱导自杀。与其把想法放在脑子里，不如说出来，以便重新进行思考。

对于学校和老师来说，预防还是第一位的。我们应该从以下几个方面做好自杀的预防措施。

第一，要尽早发现我们身边处在危机情境之中、具有自杀倾向的学生，加强对这些高危人员的监控和帮助，这可以参考前面提到的那些预警信息来加以密切关注。尤其要注意对已经患有抑郁症或较长时间处在抑郁心境状态中的学生提供及时的辅导和帮助，对已经具有明显自杀倾向的学生则应采取必要的保护性措施。

第二，经常对有心理困扰的学生进行心理疏导，帮助有心理问题的学生摆脱压力，走出困境，认识自我，悦纳自我，发展自我。特别是要教给学生一些心理调适的方法，帮助学生建立并完善自己的社会心理支持系统，告诉学生当心理危机发生时可以寻求救助的资源。

第三，积极采取措施控制有可能导致自杀的客观环境，例如要管理好学校高层建筑的顶楼，管理好各种化学药品、农药和其他危险品等等。

第四，现在不少学校都配备了心理辅导教师，班主任和任课老师也开展了学校心理健康教育方面的培训。学校要开设生命教育课程。根据青少年不同阶段的实际情况，采取学生容易理解和易于接受的方式，帮助他们认识生命的宝贵性与严肃性，尊重生命、珍惜生命、热爱生命，提升生命的质量。同时，学校教育要倡导全员育人，无论是学科教学还是教育管理，也无论是学校领导、一线教师还是教辅人员，都要以生为本，以校为家，充分地尊重每一位学生，关爱每一个孩子。

第五，许多孩子的心理问题都和家庭教育、社会环境有关系，所以学校还应该要开办家长学校，定期向家长传授科学的家庭教育理念与教育经验，建立学习型家庭环境，营造民主平等的教育氛围，提高家长整体素质。同时，要倡导学生绿色上网，抵制不良传媒的负面影响，尽可能消除网络及低品位传媒对青少年心路历程的负面影响，特别是对自杀行为选择的影响。

另外，学校和家庭应该加强沟通。现在有种不太好的倾向，就是家长把孩子往学校一放，出了问题就找学校。其实家长也有很大的教育责任。只有双方积极合作，形成合力，才能增强学校教育的实效性。

一个关键的预防措施就是要建立心理危机预警机制。一般来说，自杀是有征兆的，比如遭遇较严重的生活事件，连续数日的情绪低迷或精神恍惚，言行举止有些反常等等，这些都是自杀者有意无意透露出的信息。其实自杀者在做最后的决定前，很大程度会表现出内心的痛苦及犹豫，若自杀者身边的人能及时察觉并加以援助，就有很大可能会阻止悲剧的发生。